本书是国家社科基金一般项目
"京津冀协同发展的阶段效果评价研究"
（18BGL273）的阶段成果。

中国社会科学院创新工程学术出版资助项目

京|津|冀
产业转移协作研究

叶振宇 ◎ 著

中国社会科学出版社

图书在版编目（CIP）数据

京津冀产业转移协作研究／叶振宇著 . —北京：中国社会科学
出版社，2018.10
ISBN 978 - 7 - 5203 - 3257 - 6

Ⅰ.①京⋯　Ⅱ.①叶⋯　Ⅲ.①产业转移—研究—华北地区
②区域经济发展—协调发展—研究—华北地区　Ⅳ.①F127.2

中国版本图书馆 CIP 数据核字（2018）第 223350 号

出　版　人	赵剑英	
责任编辑	喻　苗　马　明	
责任校对	夏慧萍	
责任印制	王　超	

出　　　版	中国社会科学出版社	
社　　　址	北京鼓楼西大街甲 158 号	
邮　　　编	100720	
网　　　址	http://www.csspw.cn	
发 行 部	010 - 84083685	
门 市 部	010 - 84029450	
经　　　销	新华书店及其他书店	

印　　　刷	北京明恒达印务有限公司	
装　　　订	廊坊市广阳区广增装订厂	
版　　　次	2018 年 10 月第 1 版	
印　　　次	2018 年 10 月第 1 次印刷	

开　　　本	710×1000 1/16	
印　　　张	11.75	
插　　　页	2	
字　　　数	132 千字	
定　　　价	49.00 元	

目　录

第一章

引　言

产业转移协作是京津冀三地开启深入合作的关键突破口，是《京津冀协同发展规划纲要》（以下简称《规划纲要》）明确提出的协同发展三个优先突破领域之一。只有产业转移协作有序、顺利推进并取得实效，京津冀三地产业链、创新链和园区链才能真正实现互动、互联、互利，才能真正实现区域协调联动发展。在五大新发展理念的引领下，推进京津冀产业转移协作具有重要的现实意义，也符合国家的战略意图。

第一节　研究背景和意义

一　研究背景

近年来，京津冀协同发展得到党中央、国务院的高度重视，并与"一带一路"、长江经济带一起构成了国家"三大战略"，这既是我国区域发展格局优化调整的趋势、方向，又是解决京津冀区域问题的战略举措。历史上，京津冀行政区划曾经历分分合合的过程，城镇体系发育比较完整，城市空间分布具有典型的中心地特征。然而，由于行政区划的原因，这三个地区最后变成了如今这样的独立行政主体,地区一体化水平反而下降了。进入 21 世纪,我国先后实施了西部大开发、中部崛起、东北振兴等重大区域发展战略,而东部率先发展的任务始终坚持。跟长三角、珠三角等地区相比,京津冀地区一体化水平较低,地区产业协作不紧密,行政分割比较严重,地区发展潜力没有充分发挥;同时,京津冀地区正面临"大城市病"集中爆发、雾霾天气频发、水资源供应紧张等问题。

产业转移协作是京津冀协同发展的三大核心问题之一。以往,京津冀产业发展自成体系、同质发展,产业联系十分松散,地区比较优势发挥不出来,最为突出的现象是北京市电子信息、汽车制造等产业出现远距离配套,京外周边地区产业配套能力整体较弱,难以为北京高端产业提供支撑。2011 年,中关村海淀园在京外设立分支机构达到 3654 家,按照数量排序,依次为广东、上海、四川、江苏、辽宁、陕西。反观之,长期以来,北京市产业发展与京外周边地区缺少对接协调,没有形成有效辐射,久而久之,产业发展水平差距逐渐扩大,最终形成悬殊的产业落差。

当然,北京市传统产业过度膨胀倒逼了京津冀三地通过产业转移协作加以纾困。北京市集中了高中低不同层次、上百个门类的产业,分布在从中心城区到远郊区,呈现"散、小、乱"的格局,不仅影响了首都形象,也直接造成了城市臃肿病更趋严重。这些传统产业既包括纺织服装、印刷、金属制品、食品加工、饮料制造等传统工业,也包括批发零售、仓储物流、教育培训、卫生医疗等服务业。这些产业不但占用了大量的土地、水等资源,集聚了大量外来从业人口,而且对本地税收贡献率不高。据统计,2013 年工业占地方财政收入的比重仅为 11.0%,但工业综合能源消耗却占全市能源总能耗的 30.4%。① 所以，北京市引导这些产业向京外周边地区转移，是近期京津冀三地开展产业转移协作的重点任务。

河北省工业发展进入结构调整和转型升级最为关键的阶段。河北省是传统产业大省，钢铁工业一业独大，原材料工业比重很高，工业产能出现大面积过剩。"调结构、促升级"是河北省"十三五"乃至今后更长一段时期工业转型升级的主线，同时，压减钢铁、水泥等过剩产能是治理京津冀大气污染的重要途径。引入新兴产业是河北省工业结构调整的当务之急，发挥比较优势，主动承接京津产业转移是大势所趋。2017 年 4 月 1 日，雄安新区获批设立，这是京津冀协同发展具有里程碑意义的事件，也是河北省发展史上最为重要的国家战略，必将带动河北全面加速对接京津，开展更高水平的产业对接协作。

天津市建设北方经济中心要有具备国际竞争力的产业体系。进入 21 世纪以来，天津市通过加快推进滨海新区开发开放和综合配套改革逐步壮大全市经济规模，持续强化制造优势。但天津产业发展主要依靠投资驱动，本地创新能力发展滞后于制造业规模扩张，与京冀产业衔接互动不够，未能发挥北方经济中心的辐射带动作用。以汽车产业为例，汽车产业是京津两市的支柱产业，产业存在同质发展、恶性竞争现象，京津两大汽车制造基地各自形成相对独立的生产配套体系，两地都将本地生产品牌轿车作为城市出租车优先采购车型，这类现象不利于产业跨地区协作和市场一体化。此外，京津在金融服务、电子信息、生物医药等行业

---

① 北京市经济和信息化委员会的内部报告。

也存在同业竞争现象。协调好两地产业关系是处理京津关系的一个核心环节。

综上所述，京津冀三地关系错综复杂，利益盘根错节，不易破题。当前，京津冀正处于一个产业转型升级与区域一体化发展的历史时期，加强产业转移与跨地区协作能够解决各地产业发展的现实问题，这不仅有利于创造一个各方多赢的区域发展环境，也有利于建立常态化的区域协调机制，进而调和京津冀三地利益关系。

二　研究意义

当前，随着区域资源环境持续恶化和北京"大城市病"日趋加重，党中央、国务院提出要从国家战略层面出发，加快实施京津冀协同发展战略，这是京津冀三地实质性推进产业转移协作的一次重要机遇，不仅有利于改善京津冀区际关系和优化提升区域发展环境，也有利于加快京津冀一体化进程。

第一，京津冀产业转移协作有利于提升区域的战略地位。跟长三角、珠三角相比，京津冀三地现阶段产业发展缺少关联配套，产业互补的潜力远没有发挥出来，同时对环渤海乃至华北地区也没有形成有效的辐射带动作用。而京津冀地区产业实现对接协作，不仅可以构建分工协作、协同创新、优势互补的区域产业体系，促进要素资源高效配置，还可以推动区域潜在的互补优势、集聚优势和协同优势转化为竞争优势，借此实现中国经济"第三极"战略地位的全面提升，并成为我国经济增长中高速时期的新兴增长极。

第二，京津冀产业转移协作有利于缩小地区差距。京津冀地

区内部发展差距很大，2013 年京津冀三地人均 GDP 之比为
2.39 : 2.53 : 1。这种差距很大程度是由于地区产业发展不平衡所
导致的，因此，引导京津冀地区产业转移与集聚发展，就有机会
填补京冀之间和津冀之间悬殊的产业落差，增强京津外围地区的
产业支撑能力，从而实现由京津极化效应为主导的区域发展模式
逐步向京津扩散效应为主导的模式转变，切实发挥京津现代产业
和先进要素对河北经济发展的带动作用，并最终实现缩小地区差
距的目标。

　　第三，京津冀产业转移协作有利于推进生态环境协同治理。
京津冀大气治理是一个跨区域的环境治理问题，解决环境负外部
性问题，单纯依靠市场机制有时难以奏效。而京津冀产业转移协
作不仅能解决地区产业存量提质增效和均衡发展的问题，也能做
大产业增量，让外围地区获得跨越式发展的机会。应该说，在产
业转移协作过程中，京津冀地区高耗能、高耗水、高排放产业将
进入规模压减和结构调整阶段，而这个过程本身也为京津冀大气
治理和生态环境保护创造了良好的条件，有利于激发相关不同主
体的积极性，减少生态环境协同治理的阻力和成本。

　　第四，京津冀产业转移协作有利于治理北京"大城市病"问
题。京津冀产业转移协作虽不是一剂包治百病的药方，但可以有
效缓解北京"大城市病"病情。北京中心城区产业和人口过度集
聚，非首都核心功能过度膨胀，已超过城市功能负荷和资源环境
承载能力，"大城市病"问题日趋凸显。而这一轮京津冀产业转
移协作能够通过北京向区外疏解非首都核心功能的方式逐步缓解
"大城市病"病情，进而实现臃肿体态科学"瘦身"的效果。

第二节　研究思路

一　概念界定

"京津冀"是北京、天津、河北的统称，是一个经济区意义的概念。但考虑到我国按照行政区来组织经济社会活动，进行行政管理和制定政策，因此，本书将"京津冀"界定为北京市、天津市和河北省三个省级行政单元。

产业转移协作是指在政府和市场的共同作用下，政府、企业等不同主体参与产业布局调整过程的各种合作形式，包括产业转移、技术扩散、产业整合、共建园区、发展"飞地经济"等。与单纯意义的产业协作略有不同，产业转移协作聚焦产业转移过程中的各种协作行为、机制和模式，而以产业组织为基础的产业协作不是本书研究的重点。

平台型园区专业企业是指基于互联网思维，具有园区规划、建设、运营、招商、融资、创投、商务服务等综合业务能力、园区品牌优势和平台型商业模式的专业企业，这类企业在从事园区开发的过程中将带动一批相关企业与之配套，同时让入驻园区的企业从其提供的产业生态中获益。这种模式与万达商业地产开发模式是相通的。

二　思路框架

京津冀地区产业发展不是一场零和博弈的游戏，而是需要突破传统的一亩三分地的发展思维，依靠市场力量整合产业链和配置要素资源，彻底打破地方行政分割的困局。本书首先从规范研究的视角出发，在京津冀协同发展的背景下不仅分析了京津冀三地产业发展的现状特征与合作潜力，还总结了京津冀产业转移协作的历程、进展、主要问题以及前瞻分析，以便于为下文寻找京津冀产业转移与协作突破口提供铺垫。其次，本书进一步提出了京津冀产业转移协作的基本思路和实施机制，并基于理论与实践相结合的考虑，研究提出了京津冀产业转移协作的重点领域和实现途径。最后，根据现实的需要和借鉴国内外经验，本书运用互联网平台思维提出了一种可行的市场化导向实践模式。此外，为了确保这些设想能够实现，本书提出了促进京津冀产业转移协作的思路与建议。具体研究框架如图1—1所示。

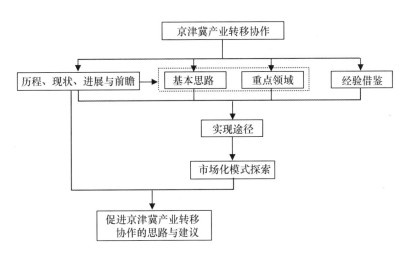

图1—1　本书的研究框架

三　研究方法

本书作为一项采用规范研究方法的应用经济学术研究成果，将遵循战略研究一般范式，综合运用区域经济学、产业经济学、城市经济学等相关学科的理论和分析方法，运用统计分析、问卷调查等方法深入分析京津冀产业转移协作的现状问题与发展趋势，刻画清楚事实特征，同时探讨了京津冀产业转移协作现阶段之所以能够取得突破而过去却没有突破的原因。另外，本书采取案例研究和实地调研方法总结国内外相关典型案例，进而提出了京津冀产业转移协作的基本思路、重点领域、实现途径以及市场化的实践模式。尽管本书并没有采用非常复杂的计量分析方法，但作为一项应用研究，更着眼于解决京津冀产业转移协作面临的现实问题。

第三节　国内外研究现状

我国学术界对京津冀产业梯度转移与地区协作关注始于 20 世纪 80 年代中期，这方面的研究最早可以追溯到 1988 年中国人民大学刘再兴教授在《试论京津协作》（发表于《天津社会科学》1986 年第 2 期）一文中所指出的京津产业协作的条件和重点。在随后的几十年中，京津冀产业转移协作问题研究从未间断过，并呈现非常缓慢的升温趋势。如果通过中国知网进行篇名检索（见图 1—2），可以从中发现，2002—2013 年，京津冀产业转移协作问题研究处于低潮阶段，与之篇名相匹配的文章都不超过 10 篇。到了 2014 年，这种状况立刻发生了扭转，与之篇名相匹配的文章上升至 67 篇，比 2002—2013 年总和还多，这主要是中央正式提出了实施"京津冀协同发展战略"带来的变化。2015 年，学术界对京津冀产业转移协作问题研究达到最高潮，与篇名相匹配的文章达到 163 篇。随后学术研究热度有所下降，2016 年，与篇名相匹配的文章降至 119 篇。上述变化趋势说明了京津冀产业转移协作学术研究热度受到国家战略实施和政策递减规律的影响很大。2000 年以来，这一领域的学术研究进展主要表现见图 1—2。

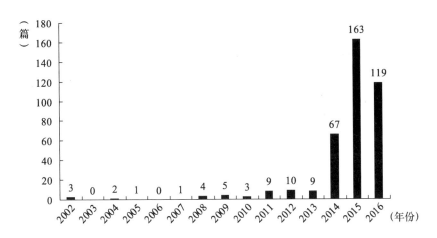

图 1—2　基于篇名匹配的京津冀产业转移协作文献数量统计

资料来源：中国知网。

一　京津冀产业转移协作的基础条件和现状

长期以来，京津冀三地产业各自发展，自成体系，缺少必要的地区分工与跨地区协作，导致地区产业综合竞争优势得不到有效发挥。然而，京津冀三地客观上存在着较好的互补优势条件和产业链跨地协作的市场机会，如果能够将这些优势或机会充分利用起来，三地之间产业跨地转移与协作发展指日可待。王爱兰（2006）将京津冀产业协调发展的条件概括为四个方面：一是产业发展具有梯度性；二是经济社会资源具有互补性；三是区域各方利益具有共同性；四是区域合作具有历史性。这四个方面说明了京津冀产业合作并不是地方政府或者学者空想的方案，而是具有现实条件和历史基础的。除了上述四个方面之外，京津冀三地发展阶段性和经济结构差异性也是促进产业协同发展的因素。马俊炯（2015）通过统计数据分析论证了京津冀产业协同发展的可行性，主要表现为：一是京津冀三地发展阶段不同，北京已处于后工业化阶段，天津和河北分别处于工业化后期、工业化中期，发展阶段不同有利于三地产业开展合作；二是京津冀三地工业发展各具特色、互补性较强；三是服务业差异非常明显，客观上反映了三地产业存在潜在合作可能。在河北经贸大学课题组（2002）看来，京津冀地区产业协作具备要素禀赋具有互补优势、地区间具有明显的极化与扩散效应和产业结构有梯度差三个方面的有利条件。从具体的行业来看，马宁、王选华、饶小龙（2011）认为，京津冀三地工业发展具有各自的优势，北京市高端制造业具有比较优势，而天津和河北分别在中高端制造业、传统制造业方面具有优势。此外，京津冀三地地理邻近性是产业转移协作不可忽视的自然因素。例如，吴爱芝等人（2015）在总结了京津冀三地产业合作的进展和重点项目的基础上发现，京津冀地域相连、可达性强对产业分工合作是有利的。可见，京津冀三地加强产业转移协作具有现实条件，也符合区域经济发展的客观规律。

2000年以来，京津冀产业转移协作进展经历了从缓慢到加速的过程。21世纪初，更多的学者批评京津冀三地产业合作水平较低，具有高度同构化发展倾向。纪良纲等人（2005）曾就当时的京津冀产业转移状况做了五点判断，具体包括：一是京津冀没有形成明显的产业链；二是在新兴产业未能及时培育起来的情况下，京津产业转移可能导致空心化，进而造成两地产业竞争力下降；三是北京对环渤海地区具有较强的辐射力，但聚合力不足；四是京津产业结构相似度高造成了两地产业合作的意愿不高；五是河北承接京津产业转移过程中可能存在污染转移现象。但这种趋势在最近十年特别是 2014 年以来发生了明显的变化，这些积极变化可以通过学者的统计分析进一步得到证实。从京津冀三地产业联系强度变化趋势看，温锋华等人（2017）运用产业关联强度系数测度了京津冀三地产业联动程度，测算结果显示，2014 年京津冀三地之间产业联系强度比 2008 年有了明显改善，但地区间改善程度是有差异的，京—津最为明显，津—冀次之，京—冀最不明显（见表 1—1）。从京津冀三地相互投资变化看，谢专等人（2015）利用工商注册数据分析了京津冀三地之间相互投资现象，结果显示，2004—2008 年北京企业对河北投资规模明显超过了对天津的投资，并且北京企业对河北的投资是以制造业为主；2009—2013 年北京企业对天津投资规模高达 928 亿元，超过了对河北企业的投资；另外，从自然人投资角度看，河北自然人对京津企业投资远高于京津自然人对河北企业投资，换言之，河北资本向京津净流出现象比较明显。从具体项目对接看，近年来，北京市产业出现向天津转移扩散的趋势。根据张贵等人（2014）整理的资料，2013 年天津市引进北京的项目 847 个，到位资金 971.2 亿元，增长 7.81%。从问卷调查结果看，中国社会科学院京津冀协同发展智库京津冀协同发展指数课题组发布的报告显示，超过七成的受访者认为京津冀协同发展带来产业转移的机会增多，但仍有超过半数的受访者认为产业转移合作项目存在落地难的问题。根据课题组对电子信息、装备制造、汽车制造、化工石化、钢铁、金融后台、商贸物流等行业产业对接与协作的情况做的问卷调查，问卷结果（见表 1—2）显示装备制造、商贸物流、电商物流等行业转移协作较为明显，具有规模化的特征。总

之，上述研究从不同视角分析了京津冀产业转移与对接协作的进
展和现状，研究结果都表明京津冀产业转移协作取得了积极的效
果，同时也遇到了项目落地难等问题。

表 1—1   京津冀产业联系强度变化

	京—津	京—冀	津—冀
2008 年	3.4581	2.1922	1.2439
2014 年	4.9598	2.7574	1.7107
绝对增长量	1.5017	0.5652	0.4668
增长率（%）	43.43	25.78	37.53

资料来源：温锋华等（2017）。

表 1—2   京津冀重点行业的转移协作情况

重点行业	受访人数（人）	问卷调查结果（%）				
		明显进展	有所进展	略有进展	进展缓慢	没有进展
电子信息	425	10.1	40.2	27.8	16.9	5.0
装备制造	418	13.4	40.7	28.9	15.1	1.9
汽车制造	400	17.8	34.0	24.8	18.8	4.6
化工石化	402	13.7	32.6	29.4	20.3	4.0
钢铁	391	23.0	33.5	19.7	17.9	5.9
金融后台	415	6.7	27.0	28.7	29.6	8.0
商贸物流	415	23.4	36.6	24.6	13.5	1.9
电商物流	399	15.1	36.8	29.1	15.5	3.5
文化创意	399	10.0	31.1	30.1	21.8	7.0
教育培训	401	8.0	29.4	27.4	27.2	8.0
健康养老	446	8.7	31.8	24.4	27.2	7.9
体育休闲	450	8.0	29.8	26.2	25.8	10.2

资料来源：《京津冀协同发展指数报告（2016）》。

二 京津冀产业转移协作面临的主要问题

京津冀地区是我国三大经济核心区之一，有北京和天津两个直辖市，集聚了占全国 8% 的人口和 10% 的地区生产总值。然而，跟长三角、珠三角相比，京津冀地区长期面临着区域合作不紧密、一体化水平低、产业协作不强等问题。有人形象地将京津冀地区的悬殊差距描述为大树底下不长草，京津强大的虹吸效应导致河北难以发展起来，而发展中国家往往是权力集中的，进而导致首位城市过度膨胀（Alberto F. Ades and Edward L. Glaeser, 1995），京津就是典型的例子。产业结构差异大、转移受阻和协作困难是京津冀产业转移协作面临的现实问题。经过多年的跟踪研究，杨连云（2007）指出，京津冀虽有各自的优势产业，但存在产业空间布局和结构不合理问题，区域合作不紧密，没有形成合理分工和跨区协作的产业链。当然，这些问题由来已久，有些问题需要动态地看。纪良纲、晓国（2004）将京津冀产业梯度转移和错位发展面临的突出问题归纳为五个方面：一是京津冀产业链没有形成；二是京津因产业转移而可能陷入空心化的危险境地；三是北京对周边地区辐射不足；四是京津产业同质发展；五是河北可能成为京津污染产业的"天堂"。但产业结构差异太大也是京津冀三地产业转移协作困难的原因。理论上，产业结构差异是"产业距离"的表现形式，地区间产业结构差异越大，"产业距离"也就越大，产业协作成本就越高。陈晓永（2005）认为，河北与北京、天津的产业落差太大，加之重工业退出成本很高，从而造成京津冀产业转移调整缓慢；他同时认为，地方政府力量太过于强大以及财政分灶吃饭的体制也影响了三地间开展产业协作。

京津冀产业高度同构化现象一直是学术界关注的焦点。踪家峰、曹敏（2006）使用专业化指数和地理集中度分析了京津冀产业分工变化趋势，结果表明，天津和河北两地间专业化指数呈现上升的趋势，北京和天津两市间专业化指数持续处于低水平的状态，这意味着京津产业同构化现象比较明显。同样，张亚明、张心怡、唐朝生（2012）指出，无论是京津冀三地还是京津与河北省内各地市间都存在产业同构问题，这种同构现象不利于地区形成合理的产业分工。类似地，魏丽华（2017）经过比较分析发现，京津冀三地存在明显但程度不一的产业同构现象，津冀同构现象更为明显，同构产业在三地经济中具有举足轻重的地位。可见，学者们对京津冀产业高度同构现象已基本达成共识，但对产业同构原因却有不同的看法。例如，戴宏伟、康红俊、赵文英（2004）认为，北京市在新中国成立后50多年逐步发展起来的钢铁、石化等重化工产业，很大程度上对北京产业结构调整形成路径依赖，并导致京津冀产业同构和恶性竞争。另一种观点是从其他区域的影响来分析京津冀产业高度同构的原因。例如，刘刚、赵欣欣（2008）采用大类行业、细分行业以及微观产品层面数据分析了京津冀城市间产业分工状况，他们发现，如果使用二位数大类行业数据分析京津冀三地产业发展格局，就很容易得出产业同构和低水平重复建设这样的结论；但如果使用更微观的产业数据或产品数据进行分析，研究结果却是相反的。为此，他们认为，京津冀三地产业发展与演进是表现为以重化工化为特征、不断加深的专业化趋势，这种趋势是南方新兴工业城市上游最终消费品产业快速发展对京津冀产业分工演进带来了竞争和带动作用的结果。

三 京津冀产业转移协作的基本思路与重点领域

随着协同发展战略的提出，无论是地方官员还是学者都开始关心京津冀产业转移与协作如何破题的问题。张贵等人（2014）认为，京津冀产业对接与转移的思路是围绕技术"进链"、企业"进群"、产业"进带"、园区"进圈"这一主线，形成项目带动、企业拉动、集群驱动、产城互动、区域联动的新格局。魏后凯（2007）从构建区域产业链体系出发，认为北京市工业发展的一个出路就是实施主导优势产业链战略，以北京为中心，在京津冀区域范围内逐步形成包括研发、设计、中试、采购、零部件、组装、物流等环节的完整产业链。这种产业链的构建，不仅有利于提升北京市优势产业的地位，也有利于促进京津冀产业分工协作。

在京津冀产业转移协作的重点领域方面，学者普遍认为重点行业和园区共建是优先考虑的方向。杨连云、石亚碧（2006）认为，京津冀要实现优势互补、错位发展的任务就是京津要重点发展高科技产业和现代服务业，河北应重点发展现代重化工业和制造业，依托产业带和飞地产业园建设构筑产业转移协作的载体。与之不同，藏学英、于明言（2010）则分析了京津冀地区战略新兴产业的合作领域，他们认为，包括新能源、新材料等在内的十大产业都可以在京津冀地区实现合作。当然京津、京冀和津冀彼此之间的合作侧重点应该是不一样的。吴爱芝等人（2015）从京津冀三地产业合作的事实出发，分析了三地之间合作领域，他们发现，京津产业合作主要体现在产业新城和合作示范区建设以及金融、旅游、会展等产业合作，京冀产业合作主要表现为园区共建、装备制造业、旅游产业、能源产业、农业等领域合作，津冀产业合作主要表现为产业园区合作、企业投资、物流、农业合作等方面。尽管大城市具有明显的集聚优势（Edward Glaeser，2012），然而，北京过度集聚也带来了"大城市病"问题。在京津冀协同发展的背景下，北京非首都功能疏解自然成为三地产业转移协作的重点，不仅包括产业对外疏解（叶振宇、叶素云，2015），还包括那些与首都功能存在矛盾并妨碍首都功能发挥的功能（张可云，2016）。

京津冀三地是否按照梯度规律开展产业转移协作一直是一个有争议的问题。不可否认，京津冀产业发展客观上存在着一定的梯度，这不仅促进了产业从京津向河北转移扩散（河北经贸大学课题组，2002），也为推动区域产业升级与合作提供了动力（祝尔娟，2009）。进一步地看，京冀间产业结构相似度低，合作空间更大，所以河北有机会承接北京传统制造业的转移（张贵、王树强，2014）。但有学者指出，河北不宜完全遵循梯度转移规律，而应基于本省优势产业升级方向，实施逆梯度战略，大力发展现代服务业、优势主导产业和新兴产业（徐永利，2013）。

四　京津冀产业转移协作的实现途径与实践模式

京津冀三地实现产业有序转移与深度协作既是地方政府深入实施协同发展战略的努力方向，又是政府与市场实现良性互动的实践探索。杨洁等人（2015）认为京津冀区域产业对接与产业转移的实现路径要包括五个方面：一是在区域产业协调中充分发挥政府的作用；二是合理引导产业梯度转移；三是构建发挥京津冀各地比较优势的产业链条；四是营造京津冀产业对接与产业转移的市场环境；五是促进三地服务业的承接与发展。当然，她们提出的这些路径更多体现在思路层面，不易操作。刘雪芹、张贵（2015）根据京津冀产业发展基础和现状特征，从创新生态系统视角出发提出了京津冀产业协同创新路径是"强点、成群、组链、结网成系统"，最终形成由研究、开发、应用三大群落构成的创新生态系统。这个设想符合京津冀协同创新的方向，是产业协作的重点领域。

现阶段，河北既要承接京津产业转移，又要寻求与京津产业协作。纪良纲、晓国（2004）认为，河北省承接京津产业转移可以根据距离京津的远近采取异构化和同构化的路径。一方面，位于以京津为核心、辐射半径150千米以内的地区可与京津核心区形成垂直分工，产业结构向异构化方向发展；另一方面，位于京津辐射半径150千米以外的地区主要参与核心区的水平分工，实现同构化发展。但这种观点不仅忽视了产业垂直分工和水平分工的现实条件，同时也忽视了河北与京津产业合作是双向的。有些学者则持不同的观点，如戴宏伟（2004）指出，河北在承接京津产业转移过程中可以采用吸收和转移并重方式推进"双向转移"。具体而言，河北要积极承接京津不具有比较优势的产业转移，同时通过商品和劳务输出等形式向京津转移绿色农业、劳动密集型产业、服务业等。但是他并没有考虑到城市演化与产业调整是动态统一的，北京在产业转移过程中也可能吸纳河北企业总部搬迁入京或进京设立研发机构，这种可能性是存在的，也有诸多的事实可以说明这一点，既有研究也发现了这方面的规律（Gilles Duranton and Diego Puga，2001）。

京津冀产业转移协作从战略构想走向实践操作是政府与市场良性互动的过程。吴爱芝等人（2015）将京津冀三地产业分工合作模式总结为十种，具体包括共建产业创新园区模式、"借智创新"模式、"总部（京津）＋基地（河北）"模式、"借船出海"模式、"整体搬家"模式、"飞地经济"模式、股份合作模式、企业联盟模式、"劳务市场（京津）＋劳务基地（河北）"模式、"定点销售（京津）＋基地（河北）"模式等类型。这些模式比较客观地反映了京津冀协同发展中的产业协作现象，也生动地刻画了京津冀三地对产业协作的迫切需求。张贵等人（2014）则从空间组织方面提出了以链织带、以带联区的产业对接模式。现有研究主要集中于京津冀产业协作思路的探讨以及政府在其中所起的作用，但忽视了市场力量如何发挥应有的作用，而市场作用对于京津冀产业转移协作又是非常重要的力量。叶振宇（2014）认为，探索市场化模式是京津冀产业对接协作的主要方向。

第四节　国家产业转移协作政策的梳理

国家产业转移协作政策是指从国家全局和发展战略出发，由国家职能部门研究制定的重要政策工具及其相互组合，旨在发挥市场配置要素资源的基础作用，注重中央政府的引导，以优化生产力布局和推动产业跨地协作为导向，引导产业在不同发展水平区域之间实现空间合理配置。产业转移协作是国家推动地区产业结构优化升级的一项重要工作，根据国家"十二五"规划、"十三五"规划、《全国主体功能区规划》、《京津冀协同发展规划纲要》等规划以及国家有关部委出台的相关文件，本书对产业转移协作相关政策进行梳理。

一　国家产业转移协作政策的基本特征

国务院及有关部门出台的产业转移协作相关政策内容相对分散，工业转型升级规划、促进地区发展指导意见、区域规划、产业规划等规划或政策都有涉及。这些政策含金量很高，具有目标明确、内容丰富、针对性强等特点，对产业结构调整起到了指导作用。总体上看，这些政策坚持优化产业区域布局的主线，既体现了区域协调发展战略和主体功能区战略，又适应"一带一路"、京津冀协同发展和长江经济带建设"三大战略"的需要。

第一，体现区域协调发展的战略导向。引导产业有序转移与对接协作是形成合理的产业分工体系、促进区域协调发展的有效途径。产业转移协作相关政策强调，要通过产业转移，增强中西部区域经济实力，形成自我发展能力，同时缓解东部沿海地区要素资源压力和生态环境压力约束。现阶段，要通过产业转移带动中西部外出务工人员回流，实现"移业就民"和"移民就业"的相互统一，减少人口跨地区、长距离、大规模流动。

第二，符合国家"三大战略"发展需要。"一带一路"、京津冀协同发展和长江经济带建设都需要实施大规模的产业转移协作，既有跨国产业转移协作，如中国企业"走出去"与优势产能合作，又有都市圈内部或流域经济带上下游的产业转移与对接协作，如北京非首都功能疏解、长江上中下游产业跨地转移与对接协作。通过产业空间布局调整和产业链跨地区协作，增强区域间的经济联系，形成更紧密的利益共同体。

第三，符合新型工业化道路要求。政策强调，产业转移不是简单复制、低水平扩张或圈地布点运动，而是在转移过程中实现技术升级，坚决禁止高污染、高排放、低附加值的产能向中西部地区扩散。加快体制机制创新，依靠自主创新，提高承接地自我发展能力。坚持走中国特色新型工业化道路，加快工业绿色发展步伐，高效利用科技资源，积极推广节能、节水、节材、资源综合利用、清洁生产等技术工艺和装置，构建起结构优化、技术先进、清洁安全、附加值高、吸纳就业能力强的现代产业体系。

第四，追求集聚经济效率。集聚经济是实现要素资源空间优化配置的重要手段，是产业布局追求效率导向的空间形式，这是产业转移相关政策的一个重要导向。政策强调，各种类型的工业园区是中西部地区承接产业转移的重要载体，引导产业向园区集聚，发挥园区的集聚效应，培育产业集群，加强上下游产业链衔接，带动相关产业协同发展。

二　国家产业转移协作政策的重点

国家出台的产业转移协作政策既体现了国家当前实施"三大战略"的意图，又体现了工业转型升级、区域协调发展和主体功能区建设的现实需要。总体而言，这些政策对指定地方开展产业转移实践具有方向指引的作用，同时，也给地方争取政策支持和实施体制机制创新提供空间。

第一，明确产业承接与对接协作的重点区域。按照国家区域发展总体战略和全国主体功能区规划要求，充分发挥地区比较优势，合理有序引导产业向中西部等地区转移，促进区域产业协调发展。中西部的重点开发区域、东北沿海沿边地区、西部欠发达地区以及边境地区、牧区等特殊区域都是"十二五"承接产业转移的重点区域。国务院出台的地区发展指导意见明确提出要将河南、内蒙古、云南、贵州等中西部地区作为承接产业转移的重点地区。党的十八大以来，以习近平同志为核心的新一届中央领导集体高瞻远瞩，从更大视野和国家战略高度提出了"一带一路"、京津冀协同发展和长江经济带建设"三大战略"。在"一带一路"倡议中，促进相互投资和加强产业合作是"贸易畅通"的主要内容。《国务院关于推进国际产能和装备制造合作的指导意见》进一步明确了我国开展国际产能合作的重点领域和合作方式，鼓励企业"走出去"。2015年，《京津冀协同发展规划纲要》把产业升级转移作为协同发展的三个优先突破的领域，明确了产业转移对接与产业协作的重点领域。2016年6月，工业和信息化部联合北京、天津、河北三省（市）人民政府共同对外发布了《京津冀产业转移指南》。在长江经济带方面，《国务院关于依托黄金水道推动长江经济带发展的指导意见》明确提出引导产业有序转移与地区协作。2016年11月，国家发展改革委出台的《京津两市对口帮扶河北省张承环京津相关地区工作方案》提出了优先推动绿色清洁产业向贫困县转移。2016年11月，《东北振兴"十三五"规划》明确提出有序承接京津产业转移，全面对接京津冀协同发展，明确与京津冀产业对接的重点领域。

第二，推进产业转移示范区试点。设立承接产业转移示范区是深入贯彻《国务院关于中西部地区承接产业转移的指导意见》（国发〔2010〕28号）一项重要的具体工作。2011年，经国务院同意，国家发展改革委先后批准了重庆沿江、湖南湘南等为国家级承接产业转移示范区。2011年1月，重庆沿江承接产业转移示范区获批设立，成为继安徽皖江城市带、广西桂东之后的第三个国家级承接产业转移示范区，该示范区包括涪陵、巴南、九龙坡、璧山、永川、双桥、荣昌7个区县。2011年10月，国家发展改革委正式批准湖南湘南为国家承接产业转移示范区，该示范区包括衡阳、郴州、永州三市，土地面积5.71平方千米，覆盖34个县（市、区），将重点打造衡阳、郴州和永州三极，形成以京港澳高速和京广铁路、武广客运专线，二广高速和洛湛铁路，泉南高速和湘桂铁路，厦蓉高速和台南高铁四组交通干线为主轴的四条"井"字形承接产业转移集聚带。同时，国务院指导意见已明确支持河南、内蒙古建设承接产业转移示范区。促进东中西区域合作是适应现阶段产业转移发展的需要。《工业转型升级规划（2011—2015年）》明确提出，"十二五"期间在中西部地区建立3—5个东（中）西产业转移合作示范区。2011年6月，经国务院批准，国家发展改革委印发了《国家东中西区域合作示范区建设总体方案》，将连云港连云区列为国家东中西区域合作示范区，该方案获批表明了产业双向转移势在必行。

第三，加强产业转移承接载体建设。充分利用经济技术开发区、高新区、产业集聚区、出口加工基地等各级、各类园区的平台作用，打造一批承接国际国内产业转移的载体。《工业转型升级规划（2011—2015年）》明确提出中西部地区要依托现有工业园区和各类产业转移基地，进一步增强承接产业转移能力，同时，加快国家新型工业化产业示范基地建设，以此作为承接产业转移和促进产业集聚的平台。《国家东中西区域合作示范区建设总体方案》《沈阳经济区新型工业化综合配套改革试验总体方案》《河北沿海地区发展规划》《国务院关于进一步促进内蒙古经济社会又好又快发展的若干意见》等规划文件都提出了相关的产业转移承接载体建设。2017 年 3 月，国务院办公厅印发的《东北地区与东部地区部分省市对口合作工作方案》明确提出了鼓励合作共建园区。

第四，完善产业转移协作机制。积极探索产业转移模式，进一步完善区域合作、对口支援等产业转移机制，支持东中西设立各种形式合作共建园区，提升区域协作水平。《工业转型升级规划（2011—2015 年）》强调，在有条件的中西部省市，要按照"政府引导、市场主导、优势互补、合作共赢"的原则，探索要素互换、企业合作、产业链协作等合作对接新模式；在东部沿海省市，鼓励区域内有序推进产业转移；同时，开展多种形式对口支援，加强对新疆、西藏和青海的产业援助。《国家东中西区域合作示范区建设总体方案》提出，建立受益共享机制、建设管理机制、科技合作机制和环境管理机制，从税收共享、园区共建、排污权交易等方面提出具体的创新实践。国家级承接产业转移示范区发展规划都把深化税收、工商、环保、土地等方面体制机制创新作为消除产业转移障碍的突破口。2015 年 6 月，财政部、国税总局联合发文《京津冀协同发展产业转移对接企业税收收入分享办法》，明确了产业转出地和承接地关于税收分享的税种、企业范围、分享方式以及相关的保障措施，这是国家有关部门首次专门为某个区域产业转移协作的利益共享制定的政策，确保了地方政府开展产业园区共建与税收共享的合规性。2017 年 5 月，国家发展改革委等八部委联合发文《关于支持"飞地经济"发展的指导意见》，对"飞地经济"的合作模式、对接机制以及市场化运作导向提供了方向性的指引，并鼓励对口扶贫、长江经济带等领域可以优先考虑采用"飞地经济"合作模式。

三 国家产业转移协作政策的趋势分析

进一步完善产业转移协作政策是适应实践发展的切实需要，也是继续推进生产力合理布局的具体要求。根据现阶段产业转移协作出现的问题、地方发展需求及国内外发展环境变化，对下一步完善产业转移协作政策的方向和着力点进行展望。

第一，更加注重引导和规范地方承接产业转移。按照国家"十三五"规划和全国主体功能区规划要求，根据各地资源优势、产业基础和资源环境承载力，定期出台"全国产业转移指导目录"（以下简称"目录"）。利用目录的导向作用，发挥地区比较优势，增强区域产业互动合作，严格禁止落后产能异地转移。同时，鼓励各地区加强土地资源集约利用，及时纠正土地未批先用、擅自变更土地利用规划、侵占基本农田等违规行为，严查企业未根据实际需要进行大规模圈地、囤地。建立考核机制，把园区投资强度和产出强度作为考核重点，鼓励有条件的地区依托现有工业园区提升承接产业转移能力，提高产业承接水平。在产前、产中、产后加强对产业转移项目开展环评，建立定期环境监测机制，严惩企业违规排放"三废"行为。

第二，进一步完善产业转移示范区试点方案。按照促进区域协调发展和工业转型升级的要求，出台产业转移示范区创建工作的实施方案。设计不同创建考核标准，鼓励产业转出地和承接地在同等条件下创建国家级产业转移示范区。采取区域分类指导和差别化政策支持的办法，对于产业转出地，设立产业转移示范区标准要重点考察传统产业转出规模、新兴产业培育发展状况以及淘汰落后产能进展，在技术改造资金、重点科技项目立项等方面给予必要的支持。对于产业承接地，设立产业转移示范区要重点考察承接产业的行业类型、投资规模、企业技术工艺水平和节能减排状况，在用地指标、税收优惠、基础设施建设等方面给予相应的支持。

第三，大力支持贫困地区产业发展。落实党中央、国务院关于新时期扶贫开发的总体方针，把产业转移和集中连片的贫困地区脱贫致富结合起来，利用产业扶贫、产业援助等办法，加大支持集中连片的特困地区产业发展。由国家有关部委牵头，面向国内外发布产业扶贫和产业援助项目，坚持政府引导与市场机制相结合，出台配套支持政策，鼓励企业、非政府组织等社会力量参与，实现集中连片的贫困地区居民早日脱贫致富。

第四，建立产业转移协作的部际协调机制。今后将更注重部际协调和中央、地方上下联动，国家发展改革委、工业和信息化部等有关部门加强产业转移协作的协调工作，推动有关部门完善产业转移协作相关配套政策，指导地方开展产业转移协作工作，协调解决部际和省际层面在开展产业转移协作的过程中遇到的突出问题和主要矛盾。

第 二 章

京津冀产业转移协作的
进展与主要问题

京津冀三地地理相邻，资源优势互补性强，产业配套半径短，开展产业转移协作具有现实条件。当前，京津冀地区产业转移与地区协作正经历历史上最好的黄金机遇期，京津冀三地逐渐突破了以往各自为政、各自发展、互不协作的发展困局，非首都功能疏解、产业园区合作共建、产业链区域内配套等领域已取得阶段性进展，但也遇到了一系列亟待破除的体制机制障碍。

第一节 京津冀产业发展的现状特征

一 北京市产业发展的现状特征

改革开放以来，作为我国的首都，在承担全国政治、文化和国际交往中心角色的同时，北京市产业发展取得显著成就，产业结构调整升级有序推进，产业集聚趋势非常明显，成熟产业向京外周边地区或长三角、珠三角转移，三次产业呈现融合发展趋势。

第一，北京市在全国经济地位相对下降。如图 2—1 所示，1978—1999 年，北京市地区生产总值占全国的比重在绝大多数年份是在 3% 以下，2000 年以后上升较快，2004 年达到峰值（3.77%），随后缓慢下降，2015 年降至 3.36%。工业和服务业是北京市最为重要的两个产业部门，其中，工业增加值占全国比重 1978 年至 2015 年总体呈现下降趋势，由 1978 年的 4.82% 下降到 2015 年的 1.58%；服务业增加值占全国比重的变化趋势跟地区生产总值比较接近，2006 年达到历史的最高点，为 6.59%，2007 年至今缓慢下降，2015 年降至 5.33%。尽管北京市服务业增加值占地区生产总值的比重接近 80%，但如果今后没有主动进行调整升级，城市人口与产业、资源环境矛盾将会日益突出，由此可能导致北京市服务业增加值占全国比重继续下降。

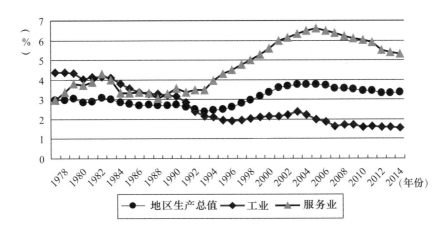

图 2—1 北京市产业发展在全国的相对位置变化

资料来源：相关年份《中国统计年鉴》和《北京统计年鉴》。

　　第二，北京市三次产业协调、融合发展。如图 2—2 所示，第一产业增加值占比曾在 20 世纪 80 年代经历了一段小高峰之后出现缓慢下降趋势，进入 21 世纪以来出现继续下降的势头，2015 年达到 61‰。同样，第一产业从业人员比重平稳下降，由 1978 年 125.9 万人下降到 2015 年 50.3 万人（见图 2—3）。目前，北京市农业主要是城郊新型农业，如休闲观光农业、绿色农产品种植基地、果业等。与农业部门变化趋势相同，第二产业增加值占比从改革开放以来就出现明显下降的势头，其中，工业增加值占比由 1978 年的 71.14% 下降到 2015 年的 19.74%，工业部门从业人员占比则经历了先缓慢上升再明显下降的变化趋势，近年工业部门从业人员又有所减少；相比之下，建筑业增加值占比降幅较小，1978—2015 年增加值占比仅下降了 2.44 个百分点。第三产业是北京市发展最快、最有前景的产业部门，增加值占比总体处于上升趋势，到 2015 年已达到 79.65%，预计到 2020 年将达到 85%。总的看来，北京市工业产值占比继续下降，战略性新兴产业将成为工业经济新的增长点，同时也将成为引领工业转型升级的引擎。在三次产业变动过程中，北京市三次产业之间融合趋势比较明显，传统农业向休闲、生态、科技的现代农业转型，现代制造业与现代服务业良性互动发展，服务型制造、科技金融等新业态发展势头较好。

　　第三，工业增长向少数优势产业集中。2005—2010 年，北京市规模以上工业企业数增长 9.3%，从业人员增长 6.1%（见表 2—1）。但是从工业内部结构看，煤炭开采，纺织业，纺织服装、鞋、帽，皮革、毛皮、羽绒，造纸及纸制品，印刷业和记录媒介，文教体育用品，石油加工、炼焦，化学原料及化学制品，

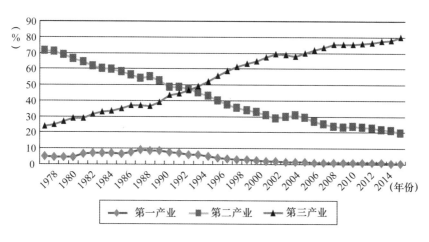

图 2—2 北京市三次产业结构变动

资料来源：相关年份《北京统计年鉴》。

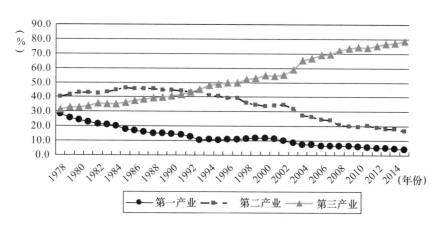

图 2—3 北京市三次产业从业人员结构变化

资料来源：相关年份《北京统计年鉴》。

塑料制品，非金属矿物制品，黑色金属冶炼及压延，有色金属冶炼及压延等行业从业人员减少。都市型工业继续保持活力。农副产品加工、食品制造、饮料制造等行业从业人员数明显增长，这说明，北京城市规模急剧扩张，巨大消费市场需求释放为食品工业发展创造了许多机会。同时，食品企业能根据消费者需求变化及时调整产品品种和质量，实现差异化竞争优势。重点工业优势凸显出来。医药制造、金属制品、交通运输设备制造、电气机械及器材制造等重点行业企业数和从业人员都出现明显的增长，这些行业仍具有增长的潜力。并且，这些产业属于资本和技术密集型行业，跟北京市资本和技术优势基本匹配。因此，这些行业优势在未来5—10年将继续保持。

表 2—1　　　　　北京市工业内部结构调整的行业分布

行业	2005 年		2010 年		2005—2010 年变化趋势	
	企业数（家）	从业人员（人）	企业数（家）	从业人员（人）	企业数变化（%）	从业人员变化（%）
合计	6301	1170553	6885	1241513	9.3	6.1
煤炭开采	30	21646	8	16859	-73.3	-22.1
农副产品加工	215	32935	213	37431	-0.9	13.7
食品制造	209	41675	226	45455	8.1	9.1
饮料制造	70	25223	65	28757	-7.1	14.0
纺织业	164	35903	150	25948	-8.5	-27.7
纺织服装、鞋、帽	266	81786	285	58922	7.1	-28.0
皮革、毛皮、羽毛	42	4691	34	2929	-19.0	-37.6
木材加工	32	3136	58	4444	81.3	41.7
家具制造业	100	16518	142	19725	42	19.4
造纸及纸制品	113	11228	129	10476	14.2	-6.7
印刷业和记录媒介	379	46953	341	44023	-10.0	-6.2
文教体育用品	46	9170	40	7283	-13.0	-20.6
石油加工、炼焦	52	24040	48	16653	-7.7	-30.7

续表

行业	2005 年		2010 年		2005—2010 年变化趋势	
	企业数（家）	从业人员（人）	企业数（家）	从业人员（人）	企业数变化（%）	从业人员变化（%）
化学原料及化学制品	430	44164	415	42636	-3.5	-3.5
医药制造	181	37126	231	54653	27.6	47.2
化学纤维制造	15	911	11	953	-26.7	4.6
橡胶制品	38	8726	49	9327	28.9	6.9
塑料制品	269	23790	273	21579	1.5	-9.3
非金属矿物制品	411	68212	448	66786	9.0	-2.1
黑色金属冶炼及压延	59	65495	44	21805	-25.4	-66.7
有色金属冶炼及压延	81	9284	87	7690	7.4	-17.2
金属制品	385	43571	479	48209	24.4	10.6
通用设备制造	436	65830	601	74616	37.8	13.3
专用设备制造业	469	66323	554	79607	18.1	20.0
交通运输设备制造	384	107965	420	129375	9.4	19.8
电气机械及器材制造	368	47471	484	64832	31.5	36.6
通信设备、计算机等	493	117024	413	126946	-16.2	8.5
仪器仪表	334	31458	342	36865	2.4	17.2
废品回收加工	10	674	18	1458	80	116.3

资料来源：相关年份《北京统计年鉴》。

第四，北京产业发展呈典型的"中心—外围"不平衡格局。如表2—2所示，第一产业主要集中在城市发展新区和生态涵养发展新区，即城市的近郊区和远郊区。工业主要集中分布在城市发展新区，这是大城市产业结构调整与空间结构演化的结果。20 世纪 80 年代以来，受城市功能调整和发展空间紧张的影响，北京市工业从城市中心向东、南方向的外围地区梯度转移，大兴、顺义和通州因为地势平坦、开阔成为市中心工业转移的主要承接地。建筑业现阶段主要集中在城市功能拓展区，这跟北京市新建住房的投资强度分布大体一致，海淀、朝阳和丰台是房地产投资比较集中的地方，另外是房山、顺义、大兴等地。东城、西城、海淀和朝阳四个区的第三产业实现增加值 13081.1 亿元，占全市71.36%，可见，服务业主要集中分布在中心城区，密云区、门头沟区、延庆区等郊区的第三产业增加值份额很低。从产业分布看，随着北京市中心区人口向郊区扩散，今后城市发展新区的服务业占比将呈现上升趋势。

表 2—2　　　　　2015 年北京市四大功能区经济差异比较　　　单位：%

	地区生产总值	工业增加值	第三产业增加值	地方财政收入
首都功能核心区	22.28	8.23	25.94	9.13
城市功能拓展区	47.16	28.95	52.01	24.41
城市发展新区	21.03	51.17	13.26	14.05
生态涵养发展新区	3.95	9.29	2.38	3.70

注：（1）首都功能核心区包括东城区和西城区，城市功能拓展区包括海淀区、朝阳区、丰台区和石景山区，城市发展新区包括房山区、通州区、顺义区、昌平区、大兴区和北京经济技术开发区，生态涵养发展新区包括门头沟区、怀柔区、平谷区、密云区和延庆区。（2）各功能区不同产业部门增加值占比之和不为 100%，这是由于中央或市属管理单位产出未计入导致的。

资料来源：北京市统计信息网。

第五，新兴产业成为北京市经济的新增长点。2006—2015年，北京市文化创意产业保持高速增长态势，文化艺术、新闻出版、广告、会展、设计服务等行业呈现"高增长、高集中度"的特点，契合世界城市发展特点。同时，北京市现代制造业发展向高端、高质、高新的趋势发展，虽然增加值比重并没有显著提高甚至个别年份还出现下降，但增加值规模保持持续增长。如图2—4所示，现代服务业是北京市主要的支柱产业，2015年实现增加值达到23014.59亿元，占全市地区生产总值的57.8%。其中，金融业是现代服务业产出最大部门，达到3926.28亿元；另外是信息服务业（信息传输、计算机服务与软件业）。总之，新兴产业逐渐成为北京未来的支柱或主导产业，现代服务业和先进制造业融合发展引领了高精尖经济结构方向。

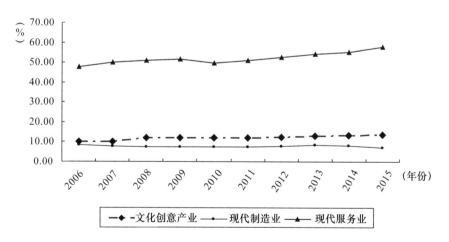

图2—4 北京市部分新兴产业增加值占 GDP 的比重的变化趋势

资料来源：《北京统计年鉴2012》。

　　第六，传统产业主要分布在郊区县。如图 2—5 所示，根据产业布局现状，北京市服装纺织、食品饮料、包装印刷、工艺美术、可再生资源等都市型产业主要分布在房山、大兴、平谷、密云、延庆、昌平等近郊或远郊区县的经济开发区，主要原因是这些开发区发展定位不高，用工成本比较低，地价相对便宜，距离北京中心城区市场较近。但随着要素成本持续上涨和首都城市功能提升，部分都市型产业将进一步向北京周边地区扩散。

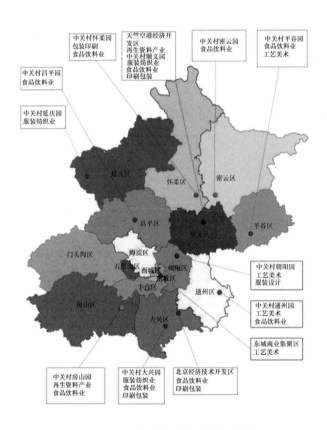

图 2—5　北京市传统产业空间分布

资料来源：北京市经济信息委员会的规划报告。

　　总的来看，北京市产业发展遵循城市产业结构调整升级的一般规律，但从产业层次和地区分布看，北京市产业发展仍然面临一些突出的问题：一是产业结构"臃肿"显现。北京市承担着全国政治中心、文化中心、国际交往中心和科技创新中心功能，但产业门类较多，汽车、石化等传统重化工业比重偏大，先进制造业分布门类多、优势特色不突出，教育、卫生、公共管理等服务业发展过度集中在城市四环以内。二是产业层次偏低。大量低端产业业态长期生存，集聚了跟城市发展功能不相匹配的劳动力，恶化了产业与人口、资源环境之间的协调关系，也致使城市资源环境承载力超限。三是现代服务业发展实效低。北京市虽然集聚了金融、研发设计、文化创意等规模不小的现代服务业，但金融服务业主要是国有商业银行开展的结算业务，缺少实质性、有国际影响力的金融工具。四是工业产品国际竞争力强。举一个例子，高新技术产品和机电产品进口长期处于逆差状态，并且这种逆差现象已持续了较长一段时间，尽管高新技术产品和机电产品出口规模不小，但进口规模更大，许多企业或科研机构需要从国外进口科技含量高的技术产品（见图2—6）。

二　天津市产业发展的现状特征

　　天津市是我国北方的经济中心和国际港口城市，产业基础雄厚，教育科技发达，区位优势突出。改革开放以来，天津市产业发展经历了体制转型的阵痛期和调整升级的上升期。主要特点如下。

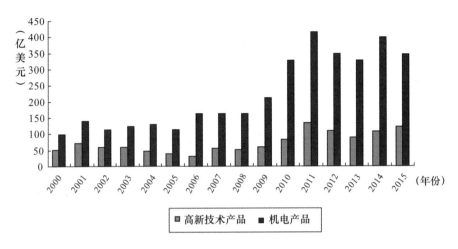

图 2—6　北京高新技术产品和机电产品的净出口的变动

资料来源：相关年份《北京统计年鉴》。

第一，天津市经济在全国的地位呈现 U 形变化。如图 2—7 所示，跟北京市不同，天津市地区生产总值、工业增加值和服务业增加值占全国的比重曾经历过历时十余年的缓慢下滑，在 20 世纪 90 年代中期跌至谷底，随后企稳回升。特别是"十一五"以来，天津市经济地位上升非常明显，经济增速连续多年列全国省（自治区、直辖市）前三名，奠定了其北方经济中心的地位，这是在天津滨海综合配套改革试验区开发开放的情形下取得的，是依靠大规模的重大产业项目投资实现的。在工业地位提升的同时，服务业地位也在提升，这说明天津市近年来服务业发展迅猛，金融、房地产、物流等重点行业高速发展。

第二，三次产业结构调整呈现"一产降、二产稳、三产升"的波动变化。如图 2—8 所示，改革开放以来，天津市产业结构曾进入比较困难的调整期，特别是 1982—1999 年，天津市第二产业

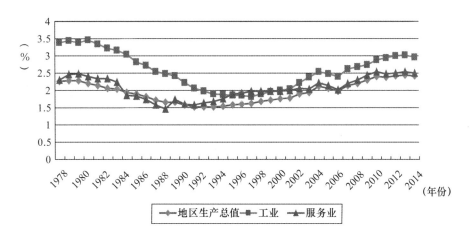

图2—7 天津市产业发展在全国的相对地位变化

资料来源:《中国统计年鉴2016》和《天津统计年鉴2016》。

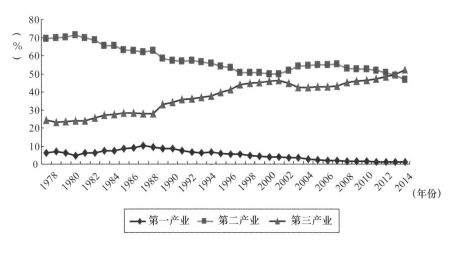

图2—8 天津市产业结构变化趋势

资料来源:《天津统计年鉴2016》。

增加值占比持续下降,在计划经济时期发展起来的重化工业企业适应不了市场经济发展趋势而出现滑坡。同时,新兴产业也没有及时培育,产业层次低、产业结构老化等问题非常突出。另外,

1978—2002 年，天津市第三产业增加值占比总体趋于上升，但第三产业发展潜力尚未发挥出来。2003—2008 年，第三产业增加值占比有所下降，主要原因是天津市工业在此期间出现超高速发展，但 2009 年以来第三产业增加值占比又开始回升。天津市第一产业增加值占比持续缓慢下降。

第三，工业结构资本密集化和技术密集化趋势明显。如表 2—3 所示，2005—2010 年，天津市农副产品加工业，纺织业，皮革毛皮羽（毛）绒及其制品业，木材加工及木、竹、藤、棕、草制品业，化学纤维制造业出现企业数和从业人员数"双下降"，这个变化意味着劳动密集型产业地位不断下降；而塑料制品业、有色金属冶炼及压延加工业、金属制品业、专用设备制造业、通用设备制造业、交通运输设备制造业、电气机械及器材制造业、通信设备计算机及其他电子设备制造业、废弃资源和废旧材料回收加工业等行业表现了迅猛发展势头，企业数和从业人员数增长均超过 20%，明显高于北京市。事实已表明，天津市工业发展进入"再重工业化"的高潮阶段，仅 2011 年就有 160 个重大工业项目落户天津，投资总规模 6793 亿元，主要涉及航空航天、装备制造、石油化工等重点产业。

表 2—3　　　　　　　天津市工业内部结构调整的行业分布

行业	2005 年		2010 年		2005—2010 年变化趋势	
	企业数（家）	从业人员年平均人数（人）	企业数（家）	从业人员年平均人数（人）	企业数变化（%）	从业人员变化（%）
农副产品加工业	179	25226	164	19831	-8.4	-21.4
食品制造业	138	24742	158	32035	14.5	29.5

续表

行业	2005 年		2010 年		2005—2010 年变化趋势	
	企业数（家）	从业人员年平均人数（人）	企业数（家）	从业人员年平均人数（人）	企业数变化（%）	从业人员变化（%）
饮料制造业	50	12801	53	15685	6	22.5
烟草制品业	1	1004	1	883	0	-12.1
纺织业	314	62316	156	26028	-50.3	-58.2
纺织服装鞋帽制造业	295	87181	276	98043	-6.4	12.5
皮革毛皮羽毛（绒）及其制品业	77	18774	48	9682	-37.7	-48.4
木材加工及木、竹、藤、棕、草制品业	66	7339	62	4724	-6.1	-35.6
家具制造业	89	21371	99	19567	11.2	-8.4
造纸及纸制品业	184	19403	208	22142	13.0	14.1
印刷业和记录媒介的复制	118	9813	113	11714	-4.2	19.4
文教体育用品制造业	63	14568	78	16474	23.8	13.1
石油加工炼焦及核燃料加工业	39	16171	46	16283	17.9	0.7
化学原料及化学制品制造业	573	71041	644	69272	12.4	-2.5
医药制造业	112	39939	139	44516	24.1	11.5
化学纤维制造业	21	2758	12	1411	-42.9	-48.8
橡胶制品业	108	22535	110	27310	1.9	21.2
塑料制品业	271	43452	406	52213	49.8	20.2

续表

行业	2005 年		2010 年		2005—2010 年变化趋势	
	企业数（家）	从业人员年平均人数（人）	企业数（家）	从业人员年平均人数（人）	企业数变化（%）	从业人员变化（%）
非金属矿物制品业	245	29863	311	34737	26.9	16.3
黑色金属冶炼及压延加工业	269	89932	328	104641	21.9	16.4
有色金属冶炼及压延加工业	94	8777	133	12715	41.5	44.9
金属制品业	523	68139	884	89769	69.0	31.7
通用设备制造业	464	63303	804	101382	73.3	60.2
专用设备制造业	289	41009	574	80602	98.6	96.5
交通运输设备制造业	436	98556	609	160160	39.7	62.5
电气机械及器材制造业	369	54655	505	71946	36.9	31.6
通信设备计算机及其他电子设备制造业	339	121221	485	168285	43.1	38.8
仪器仪表及文化办公用机械制造业	142	16090	161	19506	13.4	21.2
工艺品及其他制造业	128	24049	173	21900	35.2	-8.9
废弃资源和废旧材料回收加工业	25	1619	60	3905	140	141.2

资料来源：《天津统计年鉴 2006》和《天津统计年鉴 2011》。

第四，产业发展亮点纷呈。"十三五"期间，天津市不仅重点发展高端装备、新一代信息技术、航空航天、节能与新能源汽车、新材料、生物医药、新能源、节能环保、现代石化和现代冶金十大产业，同时改造提升轻工纺织产业。金融业、现代物流、科技服务业、商务服务业、游艇业等现代服务产业发展较快，虽然天津市金融业规模远不及北京，但近年来充分借助滨海新区体制创新平台，在融资租赁、商业保理、互联网金融等方面已取得了一些突破。同时，利用岸线资源和京津冀协同优势，壮大发展了游艇产业，邮轮经济正成为旅游业发展的一个亮点，目前已开通了天津—济州岛—首尔等旅游线路。现代物流是天津市现代服务业中规模较大、增长较快、效益较好的行业之一。这几年，随着制造业高速发展和电子商务异军突起，天津市凭借要素成本低、区位条件好、接近市场等有利条件迅速成为我国北方地区最为重要的物流枢纽之一，并且现代物流业发展进一步提升了京津冀地区产业协作水平。

第五，外资大举进入工业和服务业领域。如图2—9所示，1996—2002年，天津实际利用外资占全国的比重总体呈现上升的态势。2002年实际利用外资380591万美元，占全国6.92%；然而，2003年出现断崖式下滑，不过，很快就恢复过来。2003—2015年，天津市赶上了外资"北上西进"潮，许多外资企业借着滨海新区开发进入天津投资，如空客、ABB等大型跨国企业。到2015年，天津市实际利用外资223.7亿美元，占全国11.09%，创了历史新高。特别需要指出的是，2007年天津市实际利用外资额527776万美元，成为21世纪以来首次超过北京（506572万美元）的一年，而且，这种差距逐年扩大，到2014年达到高点，是北京的 2.26 倍，两市差距已扩大至 113.48 亿美元（如图2—10 所示）。

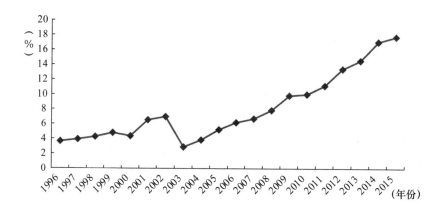

图 2—9 天津市实际利用外资规模占全国比重变化

资料来源：相关年份的《北京统计年鉴》和《天津统计年鉴》。

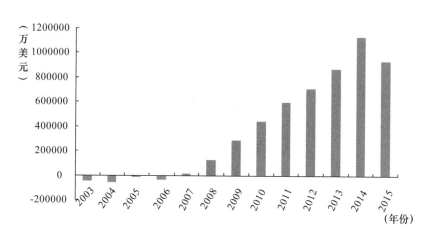

图 2—10 京津两市实际利用外资规模差距

注：京津两市实际利用外资规模差距等于天津市的规模减去北京市规模。

资料来源：《北京统计年鉴 2016》和《天津统计年鉴 2016》。

三　河北省产业发展现状特征

"十二五"以来，河北省面临较大的经济下行压力，这与自身的产业结构特点密不可分，重化工业占比高，在产能过剩的市场环境中受到较大的冲击。"十三五"开局以来，河北省工业调结构、转方式的力度非常大。总的来看，这些年来，河北省产业发展呈现以下几方面特点。

第一，河北省经济在全国的地位经历了先缓慢上升后下降的过程。如图2—11所示，从地区生产总值占比看，2005年河北省地区生产总值占全国的比重达到最高点，为5.34%，随后逐渐缓慢下降，2012年以来下降最为明显，2015年跌至4.35%。从工业增加值占比看，河北省工业增加值占全国的比重变动总体呈现M形趋势，2005年和2011年先后达到了两个峰值，分别为6.034%、6.031%。第一次高峰是我国进入重化工业爆发期带来的结果，第二次高峰是我国应对国际金融危机冲击而实施的刺激政策带来的结果。尽管两次高峰的背景不一样，但本质是一样的，都是投资拉动型的经济增长，从服务业增加值占比看，河北省服务业增加值占全国的比重在1991年达到最高值4.95%，随后出现了缓慢下降，2005年以来明显下滑，2015年占比跌到3.48%。应该说，河北省服务业发展滞后是导致其在全国经济地位下降最为重要的原因，而工业增长乏力进一步加剧了河北省经济下滑。

第二，河北省三次产业具有"一产降、二产高、三产稳"的特征。如图2—12所示，从三次产业结构的变化趋势看，河北省第二产业特别是工业仍占据主导的位置，第三产业增加值占比近

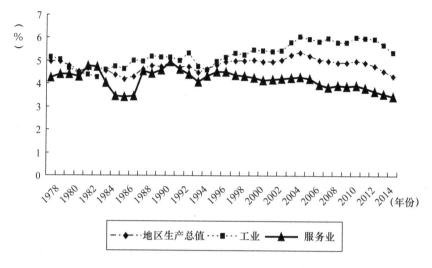

图2—11　河北省主要经济指标占全国的比重

资料来源:《中国统计年鉴2016》和《河北经济年鉴2016》。

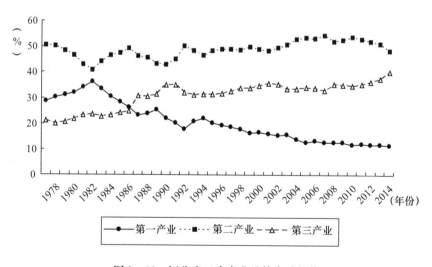

图2—12　河北省三次产业结构变动趋势

资料来源:《河北经济年鉴216》。

些年有所回升，但这是工业经济增长乏力引起的结构变动，而不是服务业自身出现了较快的增长。第二产业增加值占比从 2012 年以来开始出现明显下降的过程中，这种变化说明以钢铁、水泥、化工等重化工业部门为主导的经济结构受产能过剩等因素影响非常显著。第一产业增加值占比仍延续缓慢下滑的趋势，这种趋势是难以改变的。

第三，河北省工业结构呈现"一钢独大"。如表 2—4 所示，从工业行业结构看，河北省黑色金属冶炼及压延加工业销售值占全省工业销售产值的比重为 22.31%，与之高度关联的金属制品销售产值占比为 6.04%，可见，"一钢独大"可以形象地说明河北省工业结构的基本特征，结构单一化造成了河北省经济运行风险很大，极易受宏观经济波动的冲击。同时，从销售产值占比较高的其他加工业部门看，化学原料和化学制品制造业、农副食品加工业、汽车制造业、电气机械和器材制造业、非金属矿物制品业五大产业销售产值占比都超过 4%，其中，化学原料和化学制品制造业、非金属矿物制品业都是我国目前产能过剩比较严重的行业。由此看来，河北省七大支柱产业中，有四大支柱产业既受到产能过剩的冲击，也面临节能减排与环境规制的压力。

表 2—4　　　　　　2015 年河北省工业内部结构基本情况　　　　单位:%

行业	销售产值占比	存货占比	销售利润率
煤炭开采和洗选业	2.08	15.51	-3.57
石油和天然气开采业	0.36	6.49	-25.44
黑色金属矿采选业	3.86	11.98	13.82
有色金属矿采选业	0.09	27.97	13.07
非金属矿采选业	0.25	22.06	5.95

续表

行业	销售产值占比	存货占比	销售利润率
农副食品加工业	4.80	27.60	4.48
食品制造业	2.25	23.32	7.56
酒、饮料和精制茶制造业	1.08	28.83	12.76
烟草制品业	0.39	70.49	6.18
纺织业	3.64	32.66	7.31
纺织服装、服饰业	0.92	32.01	6.58
皮革、毛皮、羽毛及其制品和制鞋业	2.95	25.67	9.54
木材加工和木、竹、藤、棕、草制品业	0.60	30.05	8.14
家具制造业	0.63	21.78	5.68
造纸和纸制品业	1.10	20.87	7.34
印刷和记录媒介复制业	0.72	21.85	7.96
文教、工美、体育和娱乐用品制造业	0.78	30.66	7.28
石油加工、炼焦和核燃料加工业	3.83	28.49	-0.67
化学原料和化学制品制造业	5.91	19.14	6.29
医药制造业	1.70	20.03	9.79
化学纤维制造业	0.20	37.10	4.39
橡胶和塑料制品业	2.99	24.91	7.82
非金属矿物制品业	4.34	21.58	4.24
黑色金属冶炼和压延加工业	22.31	31.65	1.02
有色金属冶炼和压延加工业	1.11	31.62	3.22
金属制品业	6.04	23.85	4.74
通用设备制造业	3.00	28.47	7.30
专用设备制造业	3.26	26.25	6.61
汽车制造业	4.77	13.54	8.59
铁路、船舶、航空航天和其他运输设备	1.18	32.61	8.57
电气机械和器材制造业	4.48	18.27	5.48
计算机、通信和其他电子设备制造	1.13	11.34	10.63
仪器仪表制造业	0.23	18.37	13.12
废弃资源综合利用业	0.19	25.90	6.35
金属制品、机械和设备修理业	0.05	38.05	3.85

资料来源:《河北经济年鉴 2016》。

第四，河北产业发展带来的资源环境问题突出。正如上文所指出的，河北省工业结构特征给本省经济增长带来了巨大的资源环境压力，无论是主要污染物排放总量还是单位 GDP 的排放量、单位 GDP 能耗，河北省都比全国多数省（自治区、直辖市）高。河北省单位 GDP 的废水、二氧化硫、氮氧化物、烟（粉）尘的排放量分别约为全国平均水平的 1.02 倍、1.45 倍、1.77 倍、2.48 倍（见表 2—5）。一个更直观的事实也佐证了这一发现，在环保部重点监测的 113 座城市中，河北省四个地级市进入 PM10 浓度最高的前二十名，分别为保定、邯郸、石家庄、唐山。从能源消耗看，河北省单位 GDP 电力消费明显高于全国平均水平。跟京津相比，河北省单位 GDP 的主要污染物排放和单位 GDP 电力消费量都明显高于北京、天津，是典型的资源消耗型、环境污染型经济增长模式。

表 2—5　　　　　　　　河北与全国、京、津污染物排放比较

	废水 （万吨/亿元）	二氧化硫 （吨/亿元）	氮氧化物 （吨/亿元）	烟（粉）尘 （吨/亿元）	电力消费 （千瓦时/元）
全国	10.17	25.72	25.61	21.28	0.08
北京	6.59	3.09	5.98	2.15	0.04
天津	5.62	11.24	14.92	6.09	0.05
河北	10.42	37.19	45.32	52.86	0.11

资料来源：《中国统计年鉴 2016》和《河北经济年鉴 2016》。

第五，河北对外开放水平有所提高但总体较低（见图 2—13、图 2—14）。河北省是我国东部沿海地区对外开放程度比较低的省份，与其地理位置极不相称。从实际利用外资看，河北省很长一

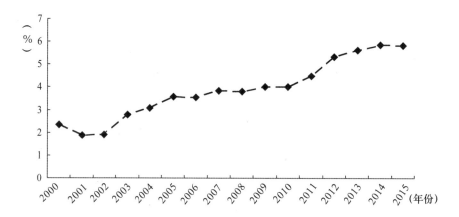

图 2—13　河北省实际利用外资额占全国的比重

资料来源:《中国统计年鉴 2016》和《河北经济年鉴 2016》。

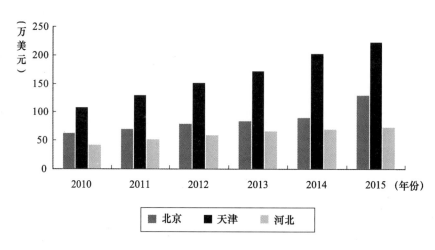

图 2—14　河北省实际利用外资与北京、天津的比较

资料来源:《北京统计年鉴 2016》《天津统计年鉴 2016》和《河北经济年鉴 2016》。

段时间实际利用外资占比缓慢上升，2012 年以后出现一轮快速上升的势头，主要的原因是全国实际利用外资增速下降，而河北省实际利用外资仍继续保持平稳增长。但跟京津相比,河北省实际利用外资规模仍然偏小,2015 年实际利用外资额分别为天津市的 33%,北京市的 57%。这种长期依靠内资投资拉动的经济增长方式使得河北省外向型经济发展难以实现突破,工业企业主要是以国内市场为导向,对外依存度比广东、江苏、浙江、福建、山东等省份低。

第二节　京津冀产业转移协作的历程回顾

改革开放以来,京津冀地区产业转移协作出现了两次高潮,第一次小高潮是 2001—2007 年,第二次大高潮是 2014 年至今,而这两个高潮之间出现了明显的波谷现象。为此,京津冀产业转移协作的历程可以形象地被描述为 N 形变化趋势。

第一阶段是长期的低位徘徊(1978—2000 年)。自 20 世纪 80 年代初开始,从中央到地方都意识到开展地区协作的重要性,1981 年,华北经济技术协作区成立,成为当时最早的地区经济协作组织之一。1986 年,环渤海地区经济联合市长联席会成立。1992 年,河北省委提出了两环(环京津、环渤海)开放战略。尽管这些松散性的对接平台或区域开放战略符合京津冀经济协作方向,但都没有达成实质性的有效合作。京津冀三地地方政府都各自打着小算盘,只是算清楚自己的经济账,如北京和天津都发展汽车产业,彼此之间不配套,并要求本地出租车运营公司配置本地汽车。

第二阶段是"历史性事件"倒逼出来的地区合作(2001—2007 年)。为了兑现申办 2008 年北京奥运会的承诺,北京市必须下决心将首钢生产制造环节整体搬迁出京。河北省借机承接了首都钢铁工业转移，在唐山曹妃甸设立了一个大型的钢铁生产项目，逐渐将首钢在京的大部分产能搬迁至此。2005 年，天津滨海新区正式列入国家"十一五"规划重点支持的开发区域，并成为第一个获批的综合配套改革试验区。天津滨海新区开发开放成为京津冀区域合作的"引爆点"，吸引了来自北京大型央企的投资，承接了装备制造、石油化工、电子信息等产业转移。这两次历史性事件开启了京津冀三地产业转移协作序幕，也激发了津冀地方政府主动承接北京产业转移的"想象力""创造力"和"爆发力"。

第三阶段是后奥运时期的落潮期（2008—2013 年）。在国际金融危机的冲击下，京津冀三地地方政府在保增长的压力下大力推动了一批重大项目开工建设，却忽视了地区间产业协作和防范低水平重复建设，致使京津冀三地产业发展在各自轨道上继续前进，跨地区之间的产业链互动和衔接配套仍然十分不紧密。汽车产业是最典型的例子，北京市引进了奔驰、长安等国内外汽车巨头设立生产制造基地，位于天津的一汽—丰田等项目则不断扩大产能，位于河北省保定市的长城汽车作为土生土长的民营企业也出现迅猛发展势头，但京津冀三地汽车产业链联系十分松散，汽车零配件产业体系不完善，本地配套比例偏低。

第四阶段是协同发展驱动产业对接协作时期（2014 年至今）。2014 年 2 月 26 日，习近平总书记在北京考察的座谈会上首次提出了"京津冀协同发展"，并提出了"七点要求"，其中第三点要求就是加快推进京津冀产业对接协作。这次会议是京津冀区域发展史上具有标志性的事件，正式提出了京津冀协同发展这一国家重大战略。三年来，京津冀产业转移协作平稳有序，北京非首都功能疏解取得了突破性进展，津冀承接北京市产业转移项目保持较快增长势头，京津冀产业转移协作的体制机制障碍逐步破除。

第三节　京津冀产业转移协作的阶段成效

三年来，京津冀产业转移协作克服了地方利益纠结、产业地区间联系不紧密、体制机制障碍较多等各种困难，在重点行业转移协作、合作载体建设、重点项目带动、利益共享等方面已取得了一些突破，有效地促进了非首都功能疏解和区域联动发展。总的来看，京津冀产业转移协作的阶段成效主要表现为以下方面。

第一，非首都功能疏解带动了产业转移协作。2014—2016 年，北京市根据非首都功能疏解的要求累计退出（含关停、转移）的一般制造业企业 1341 家，调整疏解商品交易市场 340 家，疏解商户 6.1 万户，涉及从业人员 21.6 万人，疏解物流中心 51 个，涉及从业人员 1.8 万人。同期，北京市有关部门共同落实新增产业禁限目录，其中，制造业、农林牧渔业、批发和零售业新设市场主体数分别下降了 72.75%、26.42%、18.36%。[1]

第二，合作园区建设为产业转移协作构筑了实践平台。产业园区合作是京津冀产业转移协作的一大亮点，津冀各级政府都加

---

[1] "习近平总书记视察北京三周年来北京市新举措新变化新成果"新闻发布会。

大力度对接北京的园区，共同建设了一批合作园区，形成了以曹妃甸协同发展示范区、新机场临空经济区、张承生态功能区、天津滨海—中关村科技园为核心，以中关村海淀园秦皇岛分园、中关村丰台园满城分园、中关村保定科技创新中心等园区为节点的"4＋N"产业合作格局。这些园区成为京津冀产业对接协作的试验田和首都科技创新辐射的主阵地。"携手中关村、与中关村共同成长"已成为津冀两地地方政府对接北京产业的工作方向。同时，天津、河北分别从本地区范围内规划了一批非首都功能疏解的集中承接地和战略合作区，如京津（宝坻）中关村科技城、津冀芦台协同发展示范区、京冀中关村（正定）集成电路产业基地等。依托这类合作平台，津冀两地有望培育出一批条件好、带动力强、发展空间大的新兴增长极，使之成为新一轮京津冀产业转移协作的主要平台。

第三，重点项目建设激发了产业转移协作的活力。首都新机场作为京津冀协同发展最具标志性的重大项目工程已进入紧张的施工建设阶段，该项目将带动北京市大兴区、房山区和河北省固安县、永清县、涿州市等地的发展，促进这些地区产业形成更有效分工和合理布局。而京张城际、京唐城际、京霸城际等线路开工建设，将进一步强化北京对河北的经济辐射，为产业跨地转移、跨地配套、跨地研发等方面创造更好的物流和便利的从业人员通勤条件。不仅如此，北汽现代四工厂、北京·沧州渤海生物医药园、河北新发地农副产品批发市场等重点产业项目也落户河北，已产生强大的经济带动效应。

第四，专业平台为产业转移协作带来更大的推动力量。这些年来，京津冀三地企业界积极推动成立了新能源、有色金属材料、钢铁、电力设备等行业领域的产业发展联盟或行业技术创新联盟，加强了京津冀三地行业企业交流互动，避免误判，加强合作，减少项目重复布局，扩大合作空间。另外，为了获得产业转移协作带来的市场机会，京津冀地区投资银行、产业基金、商业银行等金融机构组建了各类投资平台，如2016年，"京津冀产业结构调整引导基金"在天津自贸区设立，该基金将为企业开展跨地转移和项目投资提供融资支持。此外，京津冀地区的高校、科技主管部门等机构也组建了各种形式的联盟，共同吹响了协同发展的"集结号"，从而加快了北京技术成果就近转化。据统计，2016年，北京输出到津冀的技术合同成交额为154.7亿元，同比增长了38.7%，出现井喷式增长势头。①

第五，企业跨地投资提高了产业转移协作水平。在政府和市场的共同作用下，一批央企、北京市属国企和有实力民企都着手在京津冀地区进行项目布局，通过跨地投资、兼并重组、异地搬迁等形式抢占京津冀地区的投资先机。据统计，2016年，北京市企业到津冀投资认缴额分别为899亿元、1140亿元，分别增长了26%、100%；中关村科技园企业已在津冀两地设立分公司2709家，子公司3140家。②另外，津冀有实力的企业开始重新布局自身的产业链、价值链、创新链和物流链，利用北京优质的创新资源设立研发总部，实现产业链重新调整布局，完成对京津冀三地互补优势的一次整合，如河北立中集团、天津重方科技公司等企业都在京设立研发中心。

第六，相继出台的利好政策和规划为产业转移协作提供了有

---

① "习近平总书记视察北京三周年来北京市新举措新变化新成果"新闻发布会。

② 同上。

力的保障。随着《京津冀协同发展规划纲要》的实施，京津冀三地的发展地位、"一核、双城、三带、四区、多节点"的发展格局、三大率先突破的领域以及非首都功能疏解重点领域更加明确，已为企业提供了一种可预见的市场预期和投资方向，一大批企业着手业务板块的战略布局。另外，为了顺利地促进非首都功能疏解，带动产业和人口的双转移，从中央到地方都出台了一系列的引导性或规制性政策措施，包括新增产业的禁止和限制目录、产业转移的税收收入共享等。同时，为了加强承接地的配套条件，津冀两地各级政府都使出了各种招数，如"一企一策"、税收优惠、建设用地指标向重点项目倾斜等政策。这些政策的集中出台可以为京企入津或京企入冀创造有利的发展条件和政策环境。

第四节　京津冀产业转移协作面临的主要问题

当前，京津冀产业转移协作正处于"风口期"，北京市产业向津冀转移比较集中，规模相对较大，合作形式较多，初效比较明显。但应该看到京津冀三地不同类型的产业转移协作正处于探索和深化阶段，还面临着一些突出的问题。

第一，产业落差太大。长期以来，京津冀产业发展水平存在断崖式落差，这不仅表现为同一类产业的生产设备、技术工艺、产品质量、产业创新能力、行业监管等方面的差距，更表现为产业体系综合实力和产业发展配套支撑条件的差距，其中，这些差距表现最为突出的是京津与冀之间的差距。由于过去京津冀三地缺少实质性合作，津冀地区不太重视跟北京的高端产业做配套，而是将产业发展重心转向钢铁、有色金属、建材、化工等重化工领域，这么大的产业跨度导致地区合作非常困难。跟长三角地区相比，京津冀产业落差如此之大是由多方面的原因造成的，如国有企业块头大、产值占比高，民间创业创新活力不足，河北省由于投资环境较差而难以吸引到优质的要素资源等。此外，京津冀产业转移的体制障碍较多，致使产业处于"出不去"和"引不来"的双重困境。

第二，转出地基层政府阻力多。在我国现行的财政分权体制下，北京市产业对外转移的阻力不小，这些阻力主要来自北京的区（县）和乡镇（街道）两级政府。各区县作为产业转出地，更多地考虑到产业疏解带来的税收流失、当地从业人员转岗就业、吸引更高端产业落地等问题。目前，通州、顺义、大兴、房山等城市发展功能区短期内受到产业疏解带来的影响较大，不仅要面对税收流失的问题，还要应对可能陷入产业"空心化"的威胁。可见，在面对产业疏解任务层层分解时，地方政府和相关企业有可能采取各种隐蔽性强的抵触措施，故意拖延疏解进度。

第三，对接协作机制不健全。现阶段，京津冀产业转移协作更多地表现为各级地方政府层面对接和地方政府主导下产业园区合作共建，合作形式较多，合作机制灵活，可操作性较强。但是，由于这些对接协作缺少中央或省级政府明文规定的合作机制，所以基层政府探索出来的合作机制仍然面临着较大的政治和法律风险，一旦地方基层政府主要领导换届、调动或国家财税部门收紧政策，这些合作机制就可能夭折。

第四，产业配套能力不足。京津冀三地产业不配套、不衔接、不协作问题由来已久，一直得不到根本解决。随着北京的一般制造业向津冀地区转移，承接地产业配套能力不足问题显得尤为突出，如产业园区基础设施和城市服务功能建设滞后，关联配套产业较弱，专业技术人才和高级管理人才匮乏，共性技术创新平台少。此外，地方政府服务企业的意识和能力不强也影响了当地的营商环境。

第五，相关政策不协调、不配套。国家虽然支持津冀承接北京产业转移，但相关支持政策却没有到位，特别是建设用地指标适度倾斜政策支持力度不够，难以满足转移项目的用地需求。同时，京津冀三地的产业发展政策对企业支持力度或方向都存在较大的差异，进而影响了企业跨地区的投资行为。不仅如此，国家赋予京津许多体制先行先试的权限，当地企业由此可以享受税收减免、创新支持等优惠政策，这些政策从某种程度上降低了京津企业到冀投资的意愿。此外，京津冀三地行业技术标准不统一，创新项目资助强度差距大，医药、食品等行业生产监管标准不一致，这些政策差异致使许多北京的企业不愿意将主业搬到津冀发展。

第三章

京津冀产业转移协作的前瞻分析

在"十三五"甚至"十四五"时期,京津冀产业转移协作将进入加速推进的阶段,这主要得益于协同发展战略深入实施、雄安新区建设、2022 年北京冬奥会筹办、新一轮科技革命与产业变革等机遇。但是,京津冀产业转移协作可能遇到一些挑战,如国内外经济形势复杂变化、国内其他区域的竞争压力等。只有充分估计到外部环境的形势变化和分析京津冀三地产业发展动向,才能对今后京津冀产业转移协作的趋势做出比较准确的判断。

第一节　京津冀产业转移协作的机遇与挑战

从历史进程看,京津冀产业转移与对接协作进展波动比较大,极易受外部环境特别是国家战略或重大决策的影响。因而,只有相对客观地预判或深入分析这些国家战略或重大决策带来的潜在影响,才能清楚地认识到产业转移协作下一步的方向。

一　重要机遇

在未来一段时间，京津冀协同发展战略仍然是三地产业转移协作的最大机遇，可以为三地产业转移协作创造更好的现实条件和更宽松的体制环境。雄安新区建设、2022 年北京冬奥会筹办将为三地产业转移协作注入活力，新一轮科技革命与产业变革则为三地探索新型的产业转移协作提供了契机。总的来看，今后五年乃至十年，京津冀产业转移协作将主要面临如下机遇。

第一，京津冀协同发展战略深入实施将为三地产业转移协作提供更多的机会。根据《京津冀协同发展规划纲要》的目标，到 2020 年，京津冀协同发展将取得实质性进展，这意味着京津冀三地产业转移协作水平要从当前的项目对接转向健全体制机制，以确保这种态势能够实现机制化、市场化和规范化，使得产业转移协作无论是在内容上还是在形式上都有希望取得更大的实质性进步，特别是长效机制建立和市场化模式探索将变得更加稳健。同时，京津冀协同发展战略实施将为产业转移与跨地协作创造更好的外部环境，如交通一体化将为产业转移协作提供更优质的投资环境和更长的辐射半径；又如，生态环境协同治理有利于防止污染性产业异地转移和"死灰复燃"。

第二，雄安新区设立将为京津冀产业转移协作提供高水平的平台。2017 年 4 月 1 日，党中央、国务院正式决定设立雄安新区，这是以习近平同志为核心的党中央做出的一项重大决策部署。设立雄安新区最直接的目的是治理北京的"大城市病"，建设北京非首都功能疏解集中承载地。作为国家的重大战略部署和政治任务，这个定位表明了京冀两地今后很长一个时期内将围绕非首都功能疏解开展一系列深入、全面和大规模的产业转移与对接协作，同时带动北京优质服务资源扩散。这些合作将是以自上而下为主、自下而上为辅的统筹安排，也促成了雄安新区与北京的关系密不可分，并与北京行政副中心构成北京新的两翼。同时，津冀两地将根据雄安新区的定位，在高端高新产业承接协作、优质公共服务辐射对接、新城新区开发、出口通道建设、生态协同治理、体制机制创新等方面深入开展全面合作。可见，雄安新区为京津冀三地进行深入的产业转移协作提供了一次千载难逢的历史机遇，并为京津冀三地加强高端高新产业对接协作提供示范平台。

第三，筹办 2022 年冬奥会促进京津冀三地开展产业对口帮扶协作。北京和张家口将合作承办 2022 年冬奥会，不可否认这次世界级的体育赛事将带动张北地区经济和社会事业实现跨越式发展，不仅可以直接改善张家口对外交通状况，还可以通过承接京津产业转移和对口共建合作园区形成地区内生发展动力。同样，京津对口帮扶张承地区不是一项单纯的扶贫行动，而是通过产业转移培育张承地区造血功能。当然，筹办 2022 年冬奥会对改善张承地区投资环境和城市形象将起到极大的促进作用，特别是帮助张家口和承德两个城市走向世界提供了一次绝佳的对外宣传机会。

第四，新一轮科技革命与产业变革带来的新兴技术突破和应用，将开拓京津冀产业转移协作的合作空间。以智能制造、3D 打印、移动互联网、云计算等为代表的新技术掀起了新一轮科技革命与产业变革，美国、欧盟、日本等主要经济体正在着手布局一批重大的、引领未来的新兴技术创新攻关项目。在这样的时代背景下，京津冀产业转移协作的内容、形式和途径都可能发生质的变化，这不仅表现为从传统产业合作向高端高新产业合作方向拓展，从产业链协作向产业链、创新链、供应链联动发展方向转变，还表现为从通过招商引资的产业对接协作向基于互联网思维的平台型产业对接协作转变。

二　主要挑战

"十三五"乃至更长一段时间，我国宏观经济趋势变化、世界经济和政治格局变动、我国其他城市群的崛起等关键"变量"将左右京津冀产业转移协作的进展速度和实际成效。具体而言，主要挑战包括如下几方面。

第一，我国经济新常态的趋势难以扭转，将影响京津冀产业转移协作的效果。可以预见，"十三五"时期我国经济增速将由以往的7%以上下降至6%左右，而宏观经济的下行将带来更高的市场风险。增速换挡的宏观经济环境意味着无论是在传统产业还是在新兴产业领域，将有一大批企业遇到"投资什么都不赚钱"的不利处境，事实也说明了这一点。企业投资意愿的降低无疑会冲击京津冀三地产业转移协作的实际效果。

第二，世界经济和政治格局的变化，将为京津冀产业转移协作带来更加不确定的外部风险。京津冀地区作为东北亚的重要组成部分，自然受到朝鲜、韩国、日本、俄罗斯以及美国、欧盟等国家的影响。朝核危机、中日关系低迷、中韩关系跌入冰点、美国奉行孤立主义等国际政治关系将继续影响这个地区的和平安全稳定，也将给京津冀外向型产业发展带来更多的市场风险。如此不利的国际环境意味着京津冀地区承接美国、日本和韩国新兴产业转移的机会明显减少。

第三,长三角、珠三角等城市群日益强大,将对京津冀产业转移协作带来更加激烈的竞争威胁。"十三五"时期将是长三角、珠三角进入世界级城市群"俱乐部"的冲刺期,较为成熟的区域协作环境、较高水平的市场一体化和较为完善的交通一体化网络是长三角和珠三角保持较强竞争力的关键。相比之下,京津冀产业转移协作仍处于起步和追赶阶段,短期内难以赶上长三角和珠三角。加之,京津冀地区生态环境明显不如长三角和珠三角,对投资环境产生极其明显的负面影响。所以,在激烈的区域竞争格局下,京津冀产业转移协作可能面临产业、人才和机会流失的风险。

第二节 京津冀三地产业发展的趋势分析

一 北京市产业发展的趋势

随着综合商务成本的快速上涨、国内外环境的变化以及"大城市病"治理措施的升级,北京市产业发展将呈现高端化、服务化、集聚化和绿色化的趋势,并通过产业转移扩散、价值链分工、城市功能外溢、技术转化应用等途径进一步增强对周边地区的辐射带动作用,进而形成首都经济圈新型产业协作关系(见表3—1)。具体而言,主要趋势表现为以下几方面。

第一,低端、传统产业继续对外转移。"十三五"时期,北京市食品制造业,饮料制造业,纺织服装业,皮革、毛皮及羽绒制品业,印刷和记录媒介复制业,文教体育用品业,橡胶和塑料制品业，石油加工业，化学原料和化学制品制造业，医药制造业等行业将向要素成本低、环境容量大的外围地区转移，集中表现为重点工业企业集体进行整体搬迁或制造环节外迁，并带动低技能工人向外流动。尽管有些传统产业不是北京未来发展的重点产业，但其价值链高端环节因高度依赖于北京当地的科研机构和人才力量而继续留在北京的局部地区发展，如服饰设计、钢铁等金属材料研发。

第二，优势产业向价值链高端攀升。电子信息、生物医药、汽车和轨道交通、新材料、软件和信息服务等优势产业凭借北京雄厚的科研力量和前期产业积累正在实现向价值链高端升级，而其他附加值较低的价值链环节则向外围地区转移，并通过产业链关联配套关系形成跨地区产业协作（见表3—1）。在非首都功能疏解"瘦身健体"的过程中，北京加快构建高精尖经济结构，进一步推动优势产业占据行业发展的制高点，充分发挥行业领军企业在国内外的创新引领作用。

表3—1   北京市产业对外转移模式

模式	基本特点	典型产业	典型案例
搬迁异地	产业对要素成本或环境规制敏感或资源消耗大，产业易发生整体转移	纺织服装、食品、饮料等轻工业，钢铁、有色等冶金行业，塑料和橡胶制品业、石油化工等	首钢搬迁设立曹妃甸生产基地
异地复制	发展模式或管理模式易于异地复制，承接地有市场需求	医疗、教育、养老、旅游等服务业	北京儿童医院托管保定儿童医院

续表

模式	基本特点	典型产业	典型案例
分散化生产	产业链不同环节要素密集度差异较大，技术上无须连续生产的产业，可按照工序或分段进行分工生产，最后装配成工业品	通信设备（手机）、电子计算机制造、装备制造、汽车制造、生物医药等	小米科技股份有限公司委托富士康代工生产手机
生产（或服务）外包	产业不同环节可通过定制、订单等方式委托区外厂商生产，然后由委托方自己销售	云计算、软件外包、互联网等	百度将影视业务外包给联合网视公司
新技术新产品应用推广	高新技术企业为了寻找新技术、新产品、新用户而异地设立技术成果产业化应用基地，通过用户使用进一步完善产品或技术	新一代互联网、节能减排、智慧城市等新兴产业	北京千方科技股份有限公司在秦皇岛设立技术应用推广的子公司

第三，城市功能调整促进产业转移和服务资源外溢。根据《京津冀协同发展规划纲要》，北京的城市功能定位于"全国政治中心、文化中心、科技创新中心和国际交往中心"，这四个中心建设充分体现了首都功能，也确定了疏解非首都功能的重点领域。通过功能调整和聚焦，北京已开始并将持续较长一段时间推动非首都功能疏解特别是一般制造业、商贸物流业、金融后台等产业对外转移，同时也将推动部分中央企事业单位、教育培训机构、医疗机构等向外搬迁，如支持一批医院将住院部搬迁至北京的城市发展新区，鼓励中心城区中小学校通过异地办学、合作办学、加盟办学等途径将优质教育资源扩散至郊区，提高郊区中小

学教育质量。

第四，打造战略高地提升首都竞争优势。"十三五"时期，北京市着眼于城市发展空间战略调整和功能优化配置，产业发展空间不仅要做好"疏解"减法，还要做好"提升"的加法。中关村科技园区进一步壮大"一区十六园"的实力，利用部分腾退的空间建设创新创业载体，构建与高精尖经济结构相适应的高端产业发展空间。另外，中关村科技园区继续探索对外合作共建园区模式，不断提升高端产业功能区对外辐射力、带动力和联动力。此外，为了加快建设全球科技创新中心，北京将以"三城一区"（中关村科学城、怀柔科学城、未来科技城和北京经济技术开发区）为依托，以高校科研院所、创新型企业为主力军，以综合性国家科学中心为支撑，推动一批重大项目和科学工程落地，继续深化科技创新体制改革，加快建成引领未来产业发展的战略高地。

二　天津市产业发展趋势

目前看来，今后5—10年，天津市产业发展将呈现"板块联动、重心漂移、局部扩散、区域协作"的特点。

第一，创新引领产业结构调整升级。"十三五"时期，天津市继续推进国家自主创新示范区和自由贸易试验区建设，积极对接北京科技创新资源，将形成一批有特色、可持续、有前景的区域创新共同体，加快建设全国产业创新中心和国际创新城市，带动产业结构向高端化、高质化、高新化方向迈进。

第二，产业布局重心向滨海"漂移"。随着滨海新区进入全面开发阶段，天津工业布局将彻底从老的工业基地走出来，出现以滨海新区为核心、多极化发展的新趋势。"十三五"期间，天津市工业布局将呈现以滨海新区为中心的"两带集聚、多极带动、周边辐射"发展格局。同时，天津市针对不同类型产业实行差别化的发展策略，形成工业总体空间结构。例如，装备制造业东进，临港发展；高新技术产业西联，共赢发展；重化工业南聚，循环发展；生态产业北拓，永续发展；都市工业提升，高端发展。

第三，主导产业的关联配套产业向外围地区局部转移。天津市汽车、装备制造、电子信息等产业发展已初具规模，但未来随着滨海新区土地空间日趋紧张，将有部分相关配套产业（如汽车零部件、装备零配件、电子元器件）转移到毗邻天津的河北沧州、廊坊、唐山等城市。这些地区是要素成本洼地，承接天津制造业转移具有区位和成本优势。

第四，现代物流业增进京津冀产业协作。天津凭借着综合交通枢纽的优势，将港口、空港、铁路和公路有机地整合到一个庞大的综合交通物流体系之中，明显降低了商品流通的物流成本，提高了物流效率，并成为京津冀产业物流中心，同时也是供应北京消费市场的物流仓储基地，如京东、苏宁、亚马逊等大型电子商务企业都将京津冀区域物流中心设在天津。同时，天津将利用京津冀协同发展机遇，加大整合津冀的渤海湾港口群，进一步推动滨海机场与首都国际机场、石家庄正定机场的协作。

三　河北省产业发展趋势

"十三五"时期是河北省产业转型升级的机遇期，京津冀协同发展战略深入推进，雄安新区开发建设、2022 年冬奥会筹办等一系列重大项目建设将为河北省经济社会发展注入新的动力，同时为改变"一钢独大"的产业结构带来调整升级的机会。总的看来，未来五年乃至更长一段时间，河北省产业发展将呈现如下趋势。

第一，以京津冀协同发展战略为机遇，积极承接北京非首都功能疏解。"十三五"时期将是河北省各地市承接北京非首都功能疏解的机遇期，河北省各地市全方位承接北京市产业转移，承接范围将从一般制造业到现代服务业。同时，京冀两地将继续以合作共建园区为主要载体，以税收共享为利益契合点，形成一批产业带动、创新驱动、发展联动的旗舰合作项目。河北省将以雄安新区为核心，以曹妃甸、渤海新区为两翼，以一批重点合作园区为支撑点，打造承接京津产业转移协作的"一核、两翼、多点"平台体系。

第二，以传统产业转型升级为主线，积极拓展产业发展新空间。事实已证明，"一钢独大"的产业结构难以确保河北省经济持续健康发展，而促进支柱产业适度多元化、均衡发展将是河北省当前调整产业结构的主攻方向。"十三五"时期是河北省传统优势产业从规模扩张转向质量提升的冲刺阶段，钢铁、石油化工和水泥是调结构的三大重点产业，淘汰落后产能、压减产能规模和促进产业合理布局三大举措将深入实施。装备制造、农副产品加工和纺织服装三大传统优势产业不仅将实现产业链向精深加工方向发展，还将在竞争力、品牌等方面有所突破。

第三，以重大项目投资和优势企业为核心，壮大发展新兴产业。雄安新区开发建设是河北省发展战略性新兴产业最重要的战略机遇，将吸引一大批来自北京乃至全球范围的创新型企业和科研机构，将为战略性新兴产业播下创新的种子。同时，河北省在新能源、新能源汽车、先进装备制造等行业领域都有较好的产业基础，也有相应的一批在全国具有技术和市场优势的企业。这些优势企业将承担全省战略性新兴产业加快发展的重任，由其领衔、带动相关企业关联配套的产业集群茁壮成长，进而形成具有规模优势的"河北板块"。

第三节　京津冀产业转移协作的趋势判断

"十三五"时期是京津冀产业转移协作的机遇期、活跃期和冲刺期，在北京非首都功能疏解和雄安新区建设的共同带动下，这轮产业转移协作将形成5—10年的高潮期。即使是在经济新常态的背景下，京津冀产业合作的机会仍然比较多，产业转移与跨地区协作将实现常态化。当前及未来一段时间，京津冀产业转移协作的趋势将主要表现为以下几个方面。

一是北京非首都功能疏解的效应将呈现由强到弱的走势。在"控人"措施的升级和高房价的共同影响下，北京发展一般制造业和占地多、用人多、高能耗的服务业显然没有竞争优势，而这些产业今后将陆续转移到京外周边地区。可以预见，"十三五"期间北京产业对外转移将集中爆发，各种形式产业对接协作将纷纷出现，特别是共建产业园区的形式最为突出，这种产业转移协作形式将成为现行体制下的主流，中关村科技园区随着产业疏解而走出北京，在周边地区设立更多的分园，整合带动京外周边地区产业园区转型升级，也带动中关村企业"走出去"。

二是雄安新区将成为这一轮产业转移协作的战略合作高地。

雄安新区是党中央、国务院深入推进京津冀协同发展的重大战略部署，是治理北京"大城市病"的突破口。雄安新区作为北京非首都功能疏解集中承载地，将打破京津冀地区长期以来"京、津"双核的发展格局，形成"京、津、雄"三足鼎立、功能互补、协调联动的新格局。这意味着雄安新区将是京津冀高端高新产业转移协作的高层次平台。

三是产业转移协作的市场化实践模式将在更大范围逐步推广。未来5—10年，京津冀产业转移协作仍然离不开地方政府高效的对接合作，也离不开中央和地方政策的支持。但不可否认的一点是，协同发展将改善京津冀地区的投资环境，三地之间差距有望缩小，地区一体化水平明显提高，这些积极变化将为产业转移协作的市场化模式推广提供现实的条件。同时，在新一轮科技革命与产业变革的带动下，产业转移协作的市场化模式推广变得更加容易，各种形式的市场化运作模式将出现，企业将成为产业转移协作的主体。

四是京津冀产业转移协作将从产业链协作转向创新链协作。随着北京非首都功能疏解效应的下降，依靠产业项目对接的传统产业转移协作形式将日渐式微，取而代之的是京津冀三地围绕创新链环节进行对接，促进创新链与产业链两种协作形式的融合。换言之，今后京津冀三地产业转移协作是以创新链协作带动产业链协作，进而实现两者相互叠加和融合。

五是京津冀产业转移协作将是产业生态的移植、复制。无论是产业园区共建还是产业项目合作，京津冀三地产业对接协作都将经历从项目合作、招商引资阶段向产业生态环境培育阶段升级的过程。在经济新常态的背景下，京外周边地区产业发展已不可能像过去那样一味追求规模扩张，而忽视产业层次和升级方向，也不可能像过去那样大规模建设园区和招商引资，却忽视营造产业发展的创新环境。

六是京津冀产业转移协作将从区域内存量调整转向共同承接全球新兴产业和创新资源。今后，京津冀三地各自发挥优势和抱团发展将是产业转移协作的推动力量。不可否认，"十三五"期间，京津冀三地产业转移协作仍是以北京非首都功能疏解带动区域存量调整为主的阶段，但这一阶段将逐渐地过渡到以区域整体优势承接全球新兴产业和创新资源为主的阶段。两者实现切换的条件是京津冀实现高度的一体化，可以为新兴产业发展提供高素质的要素、产业配套条件和市场空间。

第四章

京津冀产业转移协作的基本思路

　　"十三五"时期将是京津冀协同发展战略深入实施攻坚克难的阶段，促进更高水平、更有成效、更能实现共赢的产业转移协作是京津冀三地相关主体的共同愿望。由于京津冀产业转移与对接协作具有特殊性，单纯依靠市场力量短期难以奏效，需要中央和地方政府共同推动，政府与市场良性互动，才能在较短时间、较大空间范围、较多产业领域取得突破。

第一节　指导思想

　　京津冀三地要深入贯彻落实习近平总书记关于京津冀协同发展的系列重要讲话精神，按照党的十九大报告的要求，把握本质内涵，找准主要矛盾，打破体制机制障碍，力争在"十三五"期间取得产业转移协作阶段性突破。同时，京津冀三地要积极适应经济新常态，用新的发展理念指导产业转移协作，以创新发展、协调发展、绿色发展、开放发展、共享发展为引领，有序、规范、高效地推进产业转移协作向更高水平迈进。坚持以《京津冀协同规划纲要》（以下简称《规划纲要》）为指导，京津冀三地要进一步细化《规划纲要》的要求，把各级政府的积极性转化为围绕《规划纲要》方向开展务实合作。遵循产业发展规律，逐步消除地方行政体制分割，构建区域分工协作和产业链高度融合的现代化产业体系。围绕汽车、电子信息、石化、钢铁、装备制造、建材等区域性主导产业，京津冀三地要实施产业链调整、整合、升级，促进产业链与创新链、供应链、园区链、资本链的联动发展，发挥产业园区、产业基地和产业集群的集聚作用。京津冀三地要正确处理好政府与市场的关系，发挥地方政府的创新作用，积极探索产业转移协作的市场化实践模式，用市场手段解决跨地区产业合作的利益共享问题。京津冀三地要发挥体制机制创新作用，完善政绩考核机制，在地区生产总值统计、地方税收共享等方面率先突破，平衡地方发展经济利益。京津冀三地地方政府既要有所不为，又要积极有为，建立长效机制，增强产业转移协作的组织保障能力。

第二节　基本原则

一是优势互补原则。京津冀产业转移协作的现实基础是各地区之间现有或潜在的互补优势，这些优势如能激活，将释放出很大的合作红利。北京市不仅拥有首都功能特殊优势，又有人才、文化、科技等方面的突出优势。天津市是北方的经济中心，产业基础好，区位优势突出。河北省是京津未来发展的最大腹地，要素成本相对较低，后发优势明显。京津冀三地优势互补性强，产业对接协作空间大，这些优势可以转化为地区经济一体化的新动力。为了获得持续性的动力支持，京津冀三地可以充分发挥各地的要素资源、产业协作、城市功能等方面互补优势，实现地区间产业配套、协作、错位和融合发展。

二是互利共赢原则。京津冀产业转移协作并不是地区间利益的此消彼长关系，而是在寻求区域利益的同时，探索互利共赢发展的价值主张。只有多方共赢的格局确定下来，京津冀三地产业对接才有望较大范围、大规模地开展起来。在存量调整方面，京津冀三地都有各自的压减产能或疏解城市功能任务，这种调整事实上有利于促进地区产业转型升级，有利于为引入新兴产业提供发展空间，也有利于为其他地区发展提供更好的发展环境，如河北省压减高耗能产业可以为改善北京市高新技术产业发展提供更好的环境。在增量扩大方面，京津冀三地合力构筑联系紧密、衔接配套、分工有序的产业链组织体系，这将为该地区产业规模能级提升提供有力的支撑条件。

三是改革创新原则。改革创新是京津冀协同发展的主旋律。从横向看，京津冀三地产业转移与对接协作顺利推进就是一次重大的改革创新之举，这不仅需要中央政府和地方政府的主动作为、大胆创新，还需要企业家的创新精神，借助市场手段和做法去破解产业转移协作过程中可能遇到的各种体制机制障碍，特别是协调产业转移协作相关方的利益分配问题，同时激发产业转出地和承接地的积极性。企业作为产业转移协作的市场主体，要敢为天下先，抓住全面深化改革的历史机遇，用市场战略眼光开拓京津冀产业合作中的市场机会空间；同时也要增强创新意识，整合三地的创新主体和中介组织，共同构建区域产业协同创新体系。

四是市场主导原则。在《规划纲要》等相关规划的引导下，京津冀三地要切实发挥市场力量在推动产业转移协作中的决定作用,让企业在产业转移协作中充当主体。各种形式的市场主体根据自身发展需要,跨地寻找合适的合作伙伴和投资对象,也可借助资本纽带作用,从事投资设厂、兼并重组、股权投资等经营活动,进而在更大区域范围内获得投资回报。在京津冀三地省(市)际合作协议框架下,地方政府负责搭建各种形式合作平台,利用市场机制开展跨地区的产业转移、产业链延伸、技术转移等工作,让不同市场主体根据市场规律从中获益。

五是政府引导原则。在产业转移协作的各环节中,京津冀三地的地方政府因地制宜地处理好政府与市场的关系,发挥政府自身在产业选择、退出、转出、转移、承接、协作等环节中的引导作用,既要做到有所为,特别是在市场作用难以有效发挥的领域要积极有为,又要做到有所不为,只要市场可以有效发挥作用的领域,就要减少干预甚至不干预。另外,在产业转移协作的过程中,京津冀三地的地方政府要动态地处理好政府与市场的关系,把握好政府介入的时机和力度,既要避免政府过度介入而导致市场力量收缩,又要避免耽误产业协作的时机而导致各方利益关系恶化,产业发展与人口、资源环境关系恶化,产业转移与地方经济衰退等问题发生。

第三节 主要目标

培育发展世界级高端产业。京津冀具有技术、人才、资本、土地、政策等综合优势,可充分整合地区优势资源,重点围绕新一代互联网、电子信息、生物医药、汽车制造、先进装备制造、新能源、金融服务等优势产业，带动整合科技研发、高端制造和现代服务的配套优势，增强自主创新能力，构建基于产业链不同环节高效协作的产业体系，形成一批具有世界影响力、控制力和竞争力的高端产业。

打造一批具有全球竞争力的平台型园区专业企业。京津冀三地要利用好中关村科技园区等核心品牌产业载体资源，突破传统产业集群化的发展观，采用互联网创新思维，组建一批从事园区规划、开发、招商、技术转移、融资等业务链条完整、功能完善、实力雄厚、品牌优势突出的专业企业，探索平台式商业模式，把节点、网络、服务以及市场供需的相关主体汇聚到网络化平台，依靠优势园区品牌和资源整合能力，整合带动一批实力较弱、产业基础不强、有发展前景的产业园区。

建设具有全国示范作用的共建产业平台。京津冀三地要逐步改变地区发展不平衡，以共建飞地园区为产业转移协作的突破口，坚持优势互补、互利共赢和改革创新原则，促进跨地区资本、技术、人才等要素合作，采取以品牌换空间、以空间换资本、以市场换产业、以资本换产业等思路，依靠体制机制创新，通过合建、自建、加盟、委托等合作形式建设一批具有全国示范效应的合作园区。

第四节　实现机制

机制建设是京津冀产业转移协作平稳有序推进的基本保障。针对产业转移与对接协作的不同环节，京津冀三地需要建立产业转移的利益分享、产业对接的开放协作、产业入园集聚发展、产业发展的要素流动、产业转移项目的布局协调、跨地区的产业对口援助和地方政府官员政绩考核调整七种重点机制。这些机制的建立既可以充分调动地方政府、企业和居民共同推动京津冀产业转移与对接协作的积极性，又可以实现京津冀三地共同利益最大化。

一　产业转移的利益分享机制

京津冀产业转移协作其实是产业和要素资源实现空间再配置的过程，是产业区域布局的再调整。这涉及了不同层面相关主体的利益诉求，这些复杂的利益关系不仅能够影响到产业布局调整的规模、进度以及方向，还能够影响到各地开展产业转移协作的积极性。

进一步地看，京津冀产业转移协作主要涉及地方政府、企业和居民三类行为主体的利益，具体可以表现为三个层面：第一个层面是地方政府的税收收入和地区增加值（GDP）统计；第二个层面是企业的成本节约与盈利能力；第三个层面是居民就业。可见，要解决好不同地区三类主体的利益协调问题的前提条件是让相关方即使不能从产业转移和对接协作中获得利益增进，也不致于从中遭受利益损失，特别是要避免出现产业转移给产业转出地带来明显的税收流失问题。当然，最好的结果是无论是产业转出地还是产业承接地都能够从京津冀产业转移协作中分享到区域合作的收益。在利益共享的合作园区（平台）建设和收益分享方式上，利益分配不一定都需要由合作相关方的政府直接出面解决，也可以通过市场力量，由企业主导，按照市场方式取得相关的合作收益。

京津冀产业转移协作给不同主体带来的利益如何实现呢？最根本的问题是要实现两个方面的体制机制突破：一方面，突破限制利益分享的体制障碍。我国现行政绩考核评价体系都是以行政区为基本单位进行设计的，这类考核评价体系无疑强化了地方政府只顾本地发展利益，而忽视了地方政府推动产业对接协作的重要性。而在产业转移协作利益分享时，地方政府之间经常遇到产业合作项目创造的增加值指标数和实现的税收地方留成部分如何在彼此之间进行分配的问题。要解决地区增加值和税收分配问题的现实出路是：要么地方政府作为产业对接方达成基本共识，以协议的形式确定利益分配方案；要么在国家有关部门出台规范文件，进行相应的制度安排，承认这种跨地区的利益分配的合法合规性，明确地方政府利益的分享方式、分成比例和分享时限。另一方面，企业布局调整和居民就业转换要有相应的机制保障。在产业存量调整的情形下，产业转出地地方政府不可避免要面临企业退出的后续效应，最棘手的问题莫过于如何适当补偿企业退出的利益损失和帮助当地从业者解决再就业问题。为了稳妥解决这些问题，地方政府和企业需要共同应对，地方政府要建立相应的援助机制以及采取必要的应对措施。

二　产业对接的开放协作机制

事实上，如果从当前情况看，京津冀产业转移协作的领域并没有像有些专家预想得那么多，产业对接形式也比较单一。反过来，京津冀产业转移协作不应该停留于现有产业存量调整，而应该寻找途径争取更大的合作增量。只有产业合作增量做大了，京津冀三地各方利益才能兼顾。同时，京津冀产业转移协作做大产业增量是一件"一石多鸟"的事情，既有利于解决北京市产业远距离配套的问题，也有利于解决天津产业基地壮大发展和河北产业转型升级问题。可取的方案是，以北京市高端产业为引领，带动产业链相关环节就近配套，特别是吸引那些与北京市产业链联系紧密，但现在布局于长三角、珠三角等地区的配套企业到京外周边地区投资设厂，进而带动京外周边地区相关产业发展。据统计，2015 年，中关村科技园海淀园企业到江苏、广东、上海、河北的投资额分别为 76.86 亿元、46.6 亿元、40.22 亿元、18.78 亿元，这组数据表明长三角和珠三角仍是中关村科技型企业对外投资的重点地区，津冀的区位优势没有发挥出来。目前，中关村科技园区海淀园在京外设立各类分支机构超过 6000 家，集中分布在广东、上海、四川、江苏等省（市），这些分支机构基本都是中关村科技园区海淀园企业的产业链延伸型子公司或关联配套的子公司，这些企业回迁至京津冀地区布点的可能性较大。如果京津冀投资环境出现明显改善，它们极有可能"北上"。

除了吸引外地关联配套企业"回归"之外，京津冀地区科技型企业具有开放型的产业生态，可以通过开放式供应链体系引入外协企业直接参与产业链不同环节的分工协作。以小米科技股份有限公司为例，该公司作为科技型企业代表，专注于研发设计和品牌营销，而将生产制造委托专业代工企业负责，类似的现象广泛存在于智能硬件、共享平台等领域的科技型企业。换言之，随着新一代信息技术、智能制造等先进技术的广泛深入应用，传统制造业布局与组织模式可能发生颠覆性变化，基于互联网思维和符合契约规则，把市场、用户、研发设计企业、生产制造企业、平台运营方和网络基础设施提供方有效串联起来，进而形成厂商与用户无缝对接、市场反应快、个性化定制与规模化应用兼具的开放式协作网络，是京津冀探索产业开放协作的升级版。这种分工组织形式是建立在网络协同机制的基础上，将产生较强的适应能力、自洽能力和反应能力。

三　产业入园集聚发展机制

京津冀产业转移协作是产业扩散与集聚的过程，地区要素成本优势和市场重新定位是产业实现再集聚的动力。产业集聚既存在相同行业企业的集聚，又存在不同行业企业的集聚。对于专业园区或特色园区，更应该强调相同行业的企业集聚，共同利用要素资源、公共技术服务平台和基础设施，扩大企业间交流交往以及增加创新知识的流动等。对于创新型园区，则更应该强调不同产业集聚，充分利用产业多样化的氛围，激发创业者的创新火花，实现多样化产业协同发展。

在京津冀产业转移与承接中，不同类型的产业遵循各自的布局规律寻找最佳的投资区位，而要素成本较低的地区（如劳动力、人才或土地比较富裕的地方）或进入市场比较方便的地区（如具有交通优势、本地市场容量大、产业易于配套的地方）都有可能成为产业再集聚的地方。除了市场力量之外，中央和地方政府规划建设新区或重点产业园区也是承接产业转移的优势区域。同时，当产业初始集聚出现以后，这种空间组织形式往往通过产业链关联、公共平台共享、专业劳动力市场形成等途径实现产业集聚规模扩大，从而呈现集群化发展趋势。在产业转移与对接的过程中，政府行政力量的干预只会产生短期的产业集聚效果，产业集聚的长期效果则主要由市场力量推动产生。跟长三角、珠三角相比,京津冀地区市场化程度较低,区域创新创业活力不均,如果地方政府积极有为,积极改善营商环境,帮助企业创造更公平、有序、开放的市场环境,那么企业就容易"生根发芽";同时,如果地方政府遵循产业集聚规律,不失时机地为产业集聚创造好软硬条件,更多企业会从产业集聚中受益。

四 产业发展的要素流动机制

人口、资本、技术等要素实现自由流动是京津冀地区一体化的主要标志。理论上,要素回报率高的地方往往是要素集中流入的"洼地",但现实中,由于体制障碍、商业环境等因素影响,要素流动极有可能出现反向集聚。换言之,要素继续向回报率低的地方集聚,结果导致地区差异不断扩大。京津冀要素流动不充分问题比较突出,北京和天津就像两个巨大的抽水机,把河北的人口、资本等要素持续吸进去,而河北虽然要素回报率不低,但要素流动障碍和收益风险很高,从而导致京津两地要素对外扩散缓慢甚至不明显。所以,清除要素流动的体制障碍和改善要素流动的商业环境,是建立要素流动机制的关键。

京津冀三地要实现要素自由流动的关键在于,尽快让那些促进要素集聚的偏向性政策退出,因为这些政策带有地方保护主义倾向,存在不合理的地方,如北京市长期实行极低的城市公共交通客运价,降低了城市居民日常出行的真实成本,吸引了越来越多的外来人口。跟劳动力、技术等要素相比,金融资本流动障碍相对少了许多,然而,京津冀三地金融资本流动的现状与理想状态相距甚远。北京是我国金融机构的"大本营",犹如一台巨型的大吸力油烟机,把京外周边地区的剩余资本都吸了进去,而北京流向京外周边地区资本却相对很少。从这一点看，京津冀三地资本自由流动条件虽然开始建立起来，但相应的环境还不成熟，下一步应加强统筹，组建资本联合体，引导更多的社会资本向京外周边地区扩散，而不是过度地集聚在北京。另外，京津冀三地技术梯度转移扩散衔接不上。客观上，津冀容易接受北京的技术对外转移辐射，但实际情况却是相反的，津冀接受北京技术成果转移规模远不及长三角、珠三角，主要原因是京津冀三地在技术孵化、产业化方面缺少转移渠道、对应合作主体以及相关的配套政策，地方政府也没有意识到要尽快铺设知识流动的通道，于是，京津冀三地知识流动的"鸿沟"长期存在。为此，建立各种形式的创新共同体是京津冀三地建立技术转移扩散机制的突破口，如京津冀三地共建技术成果产业化的企业，共同成立行业技术联盟，共同设立科技成果转化孵化引导基金，共同组建技术交易市场等。各类创新共同体都可以借此建立相应的技术转移与合作机制。

五　产业转移项目的布局协调机制

目前，京津冀地区正进入新一轮大规模的产业布局调整周期，北京市产业对外疏解是这轮产业转移与对接协作的"先手棋"。产业转移扩散给众多的承接地带来招商引资恶性竞争。为了规避这种现象，京津冀三地政府可以在省际层面建立产业布局协调机制。在国家有关部门的指导协调下，由三地政府派员组建临时性协调机构，共同拟定产业调整转移指导目录，出台政策组合拳，引导产业合作项目落到合适的投资区位，让产业转出方和承接方都能获得相对透明、对称的信息，实现产业转移信息高效匹配。

当然，产业布局协调能否顺利推进，主要取决于三个前提条件：第一，产业合作项目利益能否实现相对平等分享。如果有一方过于偏袒、维护自己的利益，那么这种存量为主的产业布局调整就难以持续下去，也难以取得较大的突破，为此要从中探索"机制中的机制"，把布局协调背后的利益机制建立起来，特别是产业合作项目的增加值指标数分成统计、税收地方留成部分共享等关键环节都要予以明确。只有这样，产业布局协调矛盾问题才能得以破解。第二，产业平台之间能否无缝对接。京津冀三地无论是承接区域内产业转移还是引进区外产业项目，关键的一个步骤在于产业项目能否从一个平台顺利地切换或跨到另一个平台，换言之，产业项目有自身的根植环境或赖以生存的生态环境，产业项目在不同平台之间实现转移就要解决自身发展的生态环境"切换"问题。第三，产业转移与对接协作能否联网。京津冀三地要共同组建产业布局协调网络，把相关主体接入进来。当然，这个网络的建立需要中央和地方政府把相关的机制确定下来，各类主体才能比较方便地融入这张产业布局协调的"互联网"之中。同时，各地开展产业转移协作时也要抓住时机引入市场力量，让市场力量在资源优化配置中发挥决定性作用，让企业真正成为产业转移协作的主体。当这张网络的各节点之间在信息、利益、渠道等方面获得共享机会以后，地方政府才有积极性借助这张网络推进产业转移承接与对接协作，让撤走或招进的项目找到"安身"之处并"开花结果"。

六　跨地区的产业对口援助机制

京津冀地区发展非常不平衡，河北省燕山、太行山山区都是贫困地区，交通闭塞，生活水平较低。这些贫困地区长期为了给首都保水、保生态而牺牲了自身的发展机会。目前看来，这些贫困地区依靠自身力量难以实现脱贫脱困，也难以发展起来，因此要充分利用贫困地区相对较好的生态环境和农林业资源，引导京津两地绿色农业开发企业、农副产品精深加工企业、旅游开发企业到这些地区投资兴业，借助政府特殊的支持政策，建立产业对口帮扶机制，探索产业扶贫模式，逐步解决燕山、太行山山区的发展问题。虽然产业扶贫本质上是市场行为，但京津冀三地政府在协商一致的基础上可以设立产业援助基金，共同分担产业园区的基础设施、原材料基地建设以及相应的配套服务设施建设费用，以减轻贫困地区地方政府的财政压力。同时，京津冀三地政府可以发挥产业援助基金的引导作用，采取以项目为单位、撬动社会资本共同出资或由社会资本主导、跟进投资的方式，共同发展产业扶贫项目。在企业获利时，产业援助基金投资部分可择机撤出，以实现基金滚动发展。

除了贫困地区之外，京津冀地区散布着一批历史悠久、积淀深厚、产业退化的老工业基地，如河北省唐山、保定，北京市石景山区，天津市河北区。有些老工业基地已走出了困境，有些老工业基地仍处于转型之中，有些老工业基地正处于衰退时期。面对这些老工业基地振兴发展的艰巨任务，京津冀三地政府也要参照产业扶贫的方式，抓住协同发展的重大机遇，采取市场手段，分类施策，加快推进老工业基地改造、转型和升级。同样，地方政府要运用市场手段对那些处于艰难转型或正在衰退的老工业基地伸出援助之手，组合实施财政专项、税收优惠、土地置换、国企改革、产业基金、人事体制等方面的优惠政策，大力引入新兴产业，革新产业发展生态，变输血为造血，使之尽快恢复活力。

七　地方政府官员政绩考核调整机制

以 GDP 为导向的政绩考核体制是地方政府促进产业发展的指挥棒，容易抑制地方政府推动产业转移协作的积极性。京津冀三地跟全国其他地区一样，都是层层设定年度政绩考核指标，上级压着下级、一级往一级压，从而导致了基层政府发展经济压力非常大，宁可守住自己的"一亩三分地"，也不愿意去搞产业协作。为了改变这种状况，从中央到京津冀三地政府都需要达成一个共识，就是设计一套更加灵活、多样、长期的政绩考核指标体系，并针对不同类型地区进行适当调整，赋予产业转移协作、产业创新升级等指标更大的权重，改进激励机制，使地方官员对产业转移与跨地协作至少不设置各种障碍，同时逐渐让他们看到产业转移协作的前景，愿意以实际行动主动推进这项工作。

另外，政绩考核调整机制的建立也要注意产业发展的自身规律。现实中，很多地方政府为了完成上级下达的政绩考核指标，经常采取急功近利的短期行为，大力引进一批不符合当地发展定位的产业项目，导致产业园区的产业门类杂乱无章，企业扎堆儿但联系松散，难以从产业集聚中受益。同时，地方政府为了让产业项目早点见效，也经常采取违规的做法，如用财政资金奖励企业开工投产，挪用财政资金借给企业用于新建项目投资等。这些做法带有明显的急功近利倾向，不仅不利于企业健康发展，也不符合市场经济的一般规律。地方政府的这些做法带来的严重后果就是，把产业长期发展收益转化为短期内地方政府官员应付政绩考核的利益，进而丧失了产业发展的有利之机。以上分析不难看出，调整地方政府政绩考核机制，能够引导地方政府优化行为决策，使其根据产业发展的规律完善投资环境并积极主动推动产业转移协作。

第 五 章

京津冀产业转移协作的实现途径

京津冀产业对接协作怎么"落地",需要找到一些可行的抓手来实现,这是京津冀协同发展深入推进的关键环节。在现行的体制背景下,京津冀产业对接协作不是找出路的问题,而是中央和京津冀三地政府有没有聚焦共识并下定决心突破体制障碍,进而把这块区域产业合作的蛋糕做大的问题。京津冀三地的产业虽然存在断层、裂缝、鸿沟等突出问题,但具有非常大的合作潜力。正如前文所指出的,京津冀三地产业发展要素支撑条件、产业链环节和创新链布局不但具有较强的互补性,而且存在共同的目标市场和价值链分工的错位发展机会,所以,寻找可行的途径促进地区产业对接协作对于京津冀实现高水平协同发展具有重要的现实意义。

第一节 产业载体共建共享

京津冀产业转移协作既是一次腾笼换鸟式的产业空间调整过程,又是产业载体跨地合作建设的机会。进入 21 世纪之后,北京市和河北省共同推进首钢搬迁项目,把曹妃甸新区建设成为承接首都钢铁产业转移的基地，这是京津冀产业对接协作的典型例子。这种飞地园区合作模式正是现阶段推动京津冀产业对接协作的主要抓手。

一　产业合作载体的形式

事实上，在这一轮产业转移过程中，国内许多地方建设了合作产业园区、中外共建园区、飞地型园区等一些适合各地情况的产业合作载体，并探索出各种利益分享机制，有效解决了产业跨地转移的体制障碍问题。这些经验值得京津冀借鉴。

当前，京津冀地区经济发展水平呈现"京津高企、河北低落"的特征，这种经济发展势差客观上有利于产业遵循梯度转移规律，实现从中心地区向外围地区转移。同时，河北省处于工业化和城镇化加速推进的时期，资金、技术、人才等要素供给明显跟不上赶超发展的需要，相反的是，这些要素恰是京津两市的比较优势，所以，京津冀三地推动产业载体共建共享不仅有利于整合提升各自的比较优势，也有利于共同做大做强一些地区比较优势产业。综合看来，京津冀三地合作共建产业载体具有较好的前景，未来可以探索以下类型合作形式。

第一，共建合作园区。津冀地方政府可以现有园区或发展空间为依托设立京津或京冀专业园区，以便于承接北京市一般制造业或服务功能环节转移。这类园区的投资主体既可以是地方政府或地方国有企业，也可以是混合所有制企业共同投资或民营企业独立投资。合作各方经过谈判协商最终确定合作园区谁来投资、谁来管理、谁来运营、谁来招商引资、如何分享收益等具体的细节问题，最后以合作协议的形式确定下来。

第二，对口援建产业园区。对于环京津贫困带及河北其他国家级重点贫困县，京津冀三地政府可签订对口扶贫协议，参照对口援疆办法，各受援县工业园区划出一定范围的土地空间建成"园中园"，与对口支援的地方政府（或园区）共建这些"园中园"，对口支援的政府（或园区管委会）提供必要的资金、人才、信息支持，协助做好园区发展规划，参与园区管理和招商引资，实现由过去的纯粹输血式支援变为造血式对口支援，同时也引入先进园区管理理念。

第三，委托第三方管理产业园区。从津冀两地不同类型的产业园区中划出若干个"园中园"，通过公开招标、定向委托等形式确定具有管理、资金、产业基础等优势的受托方（政府、园区平台公司或企业），全权委托其对这些"园中园"进行运作，包括园区发展规划、重点产业发展、招商引资、公共基础设施建设等。合作双方按照签订的协议履约，共同编制合作园区的总体发展规划，开展园区开发建设的投融资，推进园区基础设施建设。受托方负责园区招商引资和园区服务管理，并享有园区前期开发所得到的收益，一般情况下可以设定为5—10年单独收益期，后期收益由双方按比例分成。

第四，股份合作开发产业园区。对于共建的园区，开展合作的双方地方政府可联合成立股份制的合资公司作为园区运营方，由企业负责园区规划、开发建设、招商引资、服务管理等具体事务，园区开发建设的前期资金由合作方共同筹措，园区收益按双方股权结构进行分配。为了园区长远发展，合作双方在园区开发前期可暂时不分配收益，而将收益直接转为基础设施投资或成立产业发展基金，改善园区发展环境或培育园区新兴产业发展，以谋求长远的更高收益。

第五，委托招商的产业园区模式。在京津冀地区，有些产业园区招商引资效果不佳，地方政府也难以找到突破口。针对这种情况，地方政府可以将园区的招商引资工作委托专业公司负责，双方按照市场规则签订合作协议。根据双方签订的协议，委托方可以选择以招商引资实际到位资金的4‰—8‰作为奖金补偿给合作方，也可以选择在引进来的项目投产后产生税收地方留成部分按比例分成，共享受益期限一般可设为5—10年。为了确保招商引资的效果，合作双方可以共同规划园区的产业发展和投资环境提升，按照规划方向开展有针对性的对外招商引资工作。

第六，科技成果转化的产业园区。京津两市的郊区和环京津的河北各类产业园区可以瞄准京津两地高校和科研机构的科技成果产业化需求，吸引相关科研单位共同设立飞地型的科技成果转化孵化基地。该基地由成果转化方和承接方签订合作协议，以土地转让、厂房出租等形式向科研机构、科研团队或科技型企业提供产业发展空间，共同规划建设专业性科技园，园区开发建设和运营费用由双方协商确定。同时，针对这类科创型企业的特点，科技园管理机构可以协助企业解决项目融资、成果孵化、新产品新技术推广应用等问题，特别是要帮助一些科技型中小企业走出"死亡之谷"。此外，这种合作模式可以利用官、产、学、研、用的纽带关系，将京津冀产业链延展提升，扩大京津两地先进要素对外围地区的辐射带动效应。

二　产业合作载体的投融资

一般而言，产业合作园区是由合作各方按照合作协议规定共同出资；但有些合作园区只由一方投资，另一方不参与投资，不投资的合作方在一般情况下负责招商引资、布局产业项目或参与园区管理。不管采取哪种合作方式的投资，园区投资主体既可以是当地国有投资公司或以国有资本投资为主、社会资本共同参与组建的企业，也可以是民营企业，由其自主投资、建设和运营。在投融资的具体方式上，主要包括以下类型。

第一，国有投资公司直接出资。这种投资方式是最常见、最直接的，主要资金来源是地方财政资金注入和以土地作为抵押向金融机构融资取得的信贷资金，然后将这些资金用于园区"七通一平"的基础设施建设。这种投融资方式之所以被地方政府广泛采纳是因为我国地方政府财力有限，土地是当地财政收入的主要来源。但受制于当地的财力和银行抵押贷款，这种投融资方式经常给地方政府带来较大的债务压力。

第二，园区开发公司通过上市、信托等途径融资。目前，京津冀地区已出现一些园区开发的上市企业，如天津泰达股份有限公司、华夏幸福基业股份有限公司等，它们可以通过定向增发等方式从股市融资来筹措园区开发建设资金，然后将这些资金用于园区基础设施建设、产业公共服务平台建设等。另外，有许多企业直接与信托公司合作进行项目融资，共同投资产业园区建设。

第三，吸引社会资本共同参与。为了缓解地方债务压力，有些地方政府将产业园区整体或基础设施项目面向社会融资，包括直接吸引社会资本、发行地方政府债券等方式。在确保稳定的长期收益下，地方政府吸引有实力的社会资本共同参与投资，形成公私投资合作的伙伴关系，进而解决项目资金短缺问题。

三 产业合作载体的利益分享

利益分享是直接关系到产业园区相关合作方的积极性，在现有体制之下已探索出一些可行的利益分享方式，主要包括以下几种。

第一，税收地方留成部分共享。从实践看，许多地方政府建立的合作共建产业园区利益共享机制是通过税收地方留成部分有限期内分享形式实现的，分享比例一般由相关合作主体协商确定，通常的是5∶5或6∶4分成。这种分享方式是由产业园区所在地单边征收、双边共享，税收共享期限不等，10—15年协议期限比较常见。

第二，以奖代补。为了吸引产业项目落地，承接地政府除了采用上述税收共享的机制之外，也可以根据实际落地的项目投资额，按照一定的比例采取以奖代补的形式直接补贴给产业转出地的地方政府，以补偿其因项目转出而导致的税收流失。同样，承接地政府也可以采取同样的方式直接补贴给负责招商的委托企业。

第三，增加值指标数双边核算。为了避免因产业项目转出带来的GDP流失和提高共同招商引资的积极性，以地方政府名义合作的各方都可以根据协议采取适当的核算手段对合作园区创造的增加值按比例进行指标分享。除了按比例分享之外，合作各方还可以灵活选择以项目或片区的形式分享增加值指标数，如按照协议规定，采取"一企一策"形式分享增加值指标数，不同企业采取不同的增加值指标数分享比例。

第四，以地代补。为了吸引企业参与园区合作开发，地方政府也可以从本地建设用地中划出一块地，以适当的方式将建设用地转让给合作企业，由其从事商业地产或房地产开发，以补偿其开发建设园区的投入。这种方式适用于京津冀欠发达的地区，地方政府希望较短时间内把产业园区建起来，这些地区财力薄弱，利用以地代补的政企合作方式可以顺利地解决这个问题。

第二节　产业转移扩散

京津冀地区经济发展不平衡十分突出，具有典型的中心—外围特征，促进北京市产业向津冀两地扩散转移是中心地区向外围地区经济辐射的有效途径，也是中心—外围地区形成更紧密产业链分工的有效途径。根据静态的微笑曲线，中心地区集中于研发设计和市场营销，而外围地区集中于加工制造环节，彼此间建立产业协作关系。中心地区产业升级也将相应地带动外围地区产业链梯次升级。在具体操作方面，可以选择从如下方面入手进行突破。

一　提前介入

北京产业向京外周边地区转移的条件比较成熟，津冀各地可以择机提前介入北京产业布局调整，摸清北京到底有哪些产业现阶段能够整体转移出来，哪些产业的部分环节可以转移，哪些产业具有异地增量扩张的倾向。津冀各地可以提前做好产业对接规划，细致做好北京企业对外投资意向调查，承接有意向的制造业企业将加工生产环节转移出来。同时，随着非首都疏解的力度持续加大，北京市产业发展可能将从当前的严控增量向控增量、调存量转变，各类园区到时将集中推动新一轮的"腾笼换鸟、业态升级"产业布局大调整，引导一批附加值低、就业量大、升级空间小的产业向京外周边转移。因此，津冀各地加强对接北京市各区县产业园区，以合作共建园区作为承接载体，实现产业转移的无缝衔接。

二　全方位对接

津冀地方各级政府对接北京产业转移需要有积极主动的工作态度，利用各类社会资源搭建不同形式的对接平台，包括投资洽谈会、企业走访恳谈、邀请企业实地考察等，让有投资意向的北京企业熟悉当地的投资环境。同时，京津冀三地可以探索组建区域性的产业园区联盟，把各园区整合形成一个不同层次、功能多样、优势互补的园区网络，发挥联盟组织优势，开展京津冀产业转移对接活动，避免招商引资的恶性竞争。此外，津冀产业园区也可采取以商招商、产业链招商、创新链招商、以市场换产业等策略从北京引进一批关联产业项目，实现就近配套、成果转化或市场化应用。

三　多种转移形式并存

目前，北京能够向津冀地区转移的主要包括食品加工、纺织服装、原料药制造、石油化工、汽车零配件加工、建材等产业，这些产业向区外转移的形式主要有以下几种。

一是产业整体搬迁。钢铁、有色金属、建材、石化、制药上游环节、饮料等产业已不再适应北京城市发展功能定位和城市产业结构升级发展方向，这类产业项目今后将逐步被整体搬迁直至全部撤出，腾出来的用地空间将用于发展高附加值、高技术含量、绿色环保的产业。在这种趋势下，津冀利用现有产业基础，承接北京重化工业转移，实现异地搬迁升级。当然，对于不符合国家产业政策导向的产业，特别是一些"三废"排放量较大的产能将实行就地淘汰，津冀不宜承接，避免污染转移。

二是产业异地扩能。由于土地、劳动力等要素成本持续上涨和发展空间制约，北京电子信息、生物医药、研发设计、装备制造等产业都会出现异地扩张产能的趋势，如京东方到全国各地布局设立了多个平面显示生产制造基地，北汽现代到沧州建设新的工厂。津冀作为北京产业辐射范围，具有"近水楼台先得月"的区位优势，有机会获得这种产业承接机会，成为北京制造业的"飞地工厂"。

三是产业链就近转移。由于人口和用地管控升级、资源环境约束和城市功能调整，北京的印刷、包装、服装、烘焙食品、城市物流、城市"菜篮子"等都市型产业将发生产业链整体迁移，带动相关从业人员外迁。这些产业面向北京市场需求，不会搬得太远，其布局半径一般位于相距北京市中心 100—150 千米半径范围。环首都的津冀地区具有得天独厚的区位优势，可以选择连接首都的物流便利地方设立承接北京都市型产业转移园区，打造成为面向北京的都市产业功能区。

四是加工制造环节转移。在北京的一般制造业中，汽车、轨道交通、精密仪器等产业的加工制造环节生产技术十分成熟、用工技能要求不高、适合流水线生产，继续留在北京不具有比较优势，适合转移到津冀交通便利的产业园区。并且，津冀近年来装备制造业发展较快，许多区县的产业园区具备承接这类产业转移的基础条件，当地土地和用工成本较低。

四　完善产业转移承接的条件

津冀两地要想在这轮产业转移中获得领先优势，就得增强自身的承接条件，在行政辖区范围内筛选出一批条件基础好、产业配套完善、内外交通通达能力强的工业园区作为承接产业转移示范园区，积极发挥示范园区的引领和带头作用。

一是提升园区服务管理。在既有的产业园区一站式服务的基础上，进一步做到园区精细化管理，将园区物业管理、从业人员子女教育、企业融资服务、商务服务等方面交由园区专业服务企业负责管理，由园区服务企业向入园企业提供管家式的园区服务，切实解决落户企业遇到的难题。

二是做好产业服务配套。针对上下游协作紧密的产业，津冀两地的产业园区招商部门要有意识地采取以业招商、以商招商和以产业链招商相结合的方式，吸引产业链关联配套企业入园发展，积极为产业发展搭建公共服务平台，为企业发展提供更加宽松、更有活力、更具创新的产业公地环境。

三是完善园区基础设施。在"七通一平"的基础上，津冀两地的承接产业转移示范园区要重视环境污染治理，原则上每个园区配套建设一个污水处理厂，严格按照环保标准处理工业污水。同时，承接产业转移示范园区基础设施建设也要与城市功能相互衔接，最好能够纳入城市基础设施规划之中，在对外交通、地下管廊等方面与主城区互连互通，用长远眼光谋划园区未来升级转型。根据园区产业特点，承接产业转移示范园区要按照产城融合的方向，配套建设优质中小学校、医疗机构、就业服务中心、职业培训中心等公共服务设施，妥善解决园区从业人员上学难、看病难、进城难等问题。

第三节　项目投资牵引

京津冀产业转移协作需要有一些立竿见影的"引爆点"或"火力点"，具体讲，就是要通过一批重大项目的投资带动地区相关产业及其关联配套产业发展。现阶段，首都新机场建设、京张冬奥会筹办等重点项目都将带动京冀两地相关产业和基础设施的大规模投资，对当地经济发展将起到短期的强刺激作用，不仅有望改变地区产业发展格局，也可以为京津冀产业对接协作带来新的机会点。

实践中，京津冀三地政府要围绕国家重点产业项目发展方向，统一协调，做好产业项目的对接工作，编制产业发展总体规划，共同支持配套产业发展，避免各地为了争抢项目而展开恶性竞争和重复建设。同时，京津冀地方政府要针对不同类型的关联配套产业发展的特点，坚持但求所在、不求所有的原则，积极鼓励国内外配套企业投资设厂，从而形成重大项目驱动的产业集聚。当然，重大产业项目的巨额投资单纯依靠地方基层政府的财力难以筹措，为此有必要建立一个跨区域的项目投融资平台。这个平台可以由京津冀相关方共同出资组建，吸引社会资本参与，形成一个风险共担、优势互补、利益共享的利益共同体，同时也易于协调地区间利益关系，让各地区都能从中受益。

当然，重大项目在论证、申报、规划、建设、投产和受益等各环节顺畅进行都要有一个运行高效、执行有力、共同行动的临时性协调机构。该机构负责协商解决产业项目发展的各项议题，目的是妥善管控分歧，协调区际利益和扩大发展共识。当然，这个机构不是常设的，而是临时性的，只享有地方政府授权，不具有法律赋予的行政效力。

第四节　生产制造环节外包协作

京津冀三地产业合作的领域比较多，无论是传统产业还是新兴产业，都可以找到合作的切入点。对于北京而言，做大研发设计产业既符合首都功能定位，又顺应首都产业朝着服务化、高技术化和绿色化的发展方向。对于津冀而言，承接北京研发设计企业的生产制造环节外包业务是比较务实的选择。尽管生产制造环节一般处于价值链的相对底端，但这并不意味着这一环节就不值得发展，相反，它们的发展有利于优化当地产业结构，进而增加更多的后发赶超优势。

生产制造环节外包是工业领域比较常见的生产协作方式，是行业内深度分工的表现。在制造业领域，电子信息、装备制造、汽车制造等产业适合不同地区之间分担产业链的不同环节，如北京小米科技股份有限公司专注于研发设计，而将制造环节外包给专业的代工企业生产。这种基于契约的产业外包协作是京津冀产业转移协作可以探索的一个方向。目前，北京已经集聚了大量的研发设计企业，但它们却把生产制造外包到长三角、珠三角地区的企业代工生产。客观上，这种远程的生产制造外包对企业的创新可能带来负面的影响，如外包企业不易掌控产品质量，生产制造与研发相脱节容易导致企业创新能力下降等。为了缩短时空距离，津冀的一些城市可以就近对接北京的研发设计企业，借鉴富士康发展模式，积极打造首都生产制造外包基地，扶持壮大重点行业的代工企业，让它们成为带动产业转型升级的"领头羊"。另外，根据行业技术特征，电子信息、装备制造、汽车制造等重点行业领域的生产制造外包龙头企业要发挥示范作用，吸引更多成长性好的科技企业共同参与，逐步建立区域性开放式的生产制造外包协作网络。

第五节　龙头企业带动整合

一般而言，行业龙头企业具有资本、技术、市场等综合优势，容易吸引一批上下游关联配套企业实现跨地区或同一地区分工协作，从而确立了众星拱月式的产业转移协作模式。具体而言，龙头企业推动京津冀产业转移协作有四种典型方式。

一是跨地区兼并重组。京津冀地区已出现一批资本实力雄厚、技术优势明显、市场占有率高的行业龙头企业，这些企业是行业整合的中坚力量。它们凭借着自身的独特优势，既可以实施同行业企业并购，也可以顺着产业链的上下游，加大对科技研发或关联配套企业的收购，最终形成全产业链。

二是构建区域性产业链网络。行业龙头企业具有较强的整合产业链优势，其布局导向比较明确，有能力汲取不同地区的比较优势，并将产业链和价值链实现有效的整合、匹配。同时也可以将不同节点的产业链环节串联起来，形成一个产业链完整配套的区域生产网络，最终达到企业利益最大化的目的。

三是优化调整生产布局。京津冀地区的钢铁、水泥、有色金属、化工、石化等重化工行业主要由央企或地方大型国企主导，在中央和地方政府的共同引导下，通过交叉持股、业务重组、股权转让等方式优化产能布局。有些企业为此可以将更多的精力集中在核心业务或市场前景更好的新业务，避免"军阀混战"的乱局出现。

四是共建行业共享平台。在钢铁、汽车、风电设备、航空航天等行业领域，京津冀三地的行业龙头企业可以共同推动技术、信息、中介服务等平台共建共享，加强行业技术、人才、业务、自律等方面交流交往，彻底打破企业间、区域间、政府与市场间的各种隔阂，共同开辟行业市场。

第六节　优势园区品牌共享

以中关村科技园区为代表的知名园区具有特殊的品牌价值，也积累了丰富的管理经验，如果能够成立平台型园区投资管理企业，便可探索园区异地建设、优质品牌共享、先进管理复制的模式，从而促进不同地区产业协同发展。

学习典型园区发展模式。京津冀三地的高校、科研机构和党校行政学院可以共同组建产业园区协作发展指导委员会，由这个机构负责从全球范围内遴选出3—5个产业园区运营优势品牌和专业企业，总结其成功模式，特别是收集整理其在园区规划、开发建设、运营管理、产业培育、招商引资等方面的有益经验，编制《全球先进的产业园区发展模式》的手册。同时，京津冀产业园区协作发展指导委员会可以举办县（区、市）分管产业园区领导和产业园区管委会领导培训班，培养一批适应全球产业变革趋势的现代产业园区管理队伍，彻底改变我国传统产业园区"重发展、轻服务，重开发、轻配套，重眼前、轻长远"的发展模式。

实施产业园区品牌推广计划。在京津冀范围内，优先将中关村发展集团、天津泰达集团有限公司、华夏幸福基业股份有限公司、北京东升博展投资管理有限公司等国企或民企探索出来的园区开发运营模式面向京津冀地区推广、复制，综合考虑各地区发展水平、产业特点、财力承受能力等因素采取差异化的发展方案，争取到 2020 年覆盖到京津冀适合产业开发的县（区、市）。由园区运营品牌企业逐步接管各县（区、市）重点产业园区，最终整合形成由园区开发专业企业主导下的京津冀产业园区平台网络，实现各园区间产业协调、平台共享、优势互补。

建设中外合作产业园区。此前，天津中新生态城、唐山中日曹妃甸生态城等中外合作产业园区已开工建设，并产生较大的社会影响；除此之外，许多发达国家政府或企业都有意愿到京津冀地区建设高端产业园区。京津冀三地的地方政府可以"筑巢引凤"，放眼世界，广开思路，吸引一批外资园区专业开发企业过来，开发建设具有国际视野、领先理念、配套完善的产业园区，用国外资金、先进理念和服务管理吸引世界知名企业投资兴业，并引领本地产业园区升级转型。

组建跨区域的园区开发企业。在区域协同发展的过程中，京津冀三地省（市）级政府可以探索市场化路径，由代表本地利益的国有投资公司与社会资本共同出资组建京津冀园区开发投资公司和设立京津冀产业发展基金。这类专业园区开发企业主要任务是在京津冀区域范围内设立产业园区，加强京津冀三地产业对接和承接国内外产业转移，解决产业"转不出"和"接不住"问题,同时也改善落后地区承接产业条件,复制推广先进园区发展模式,使得"中关村""泰达"等先进园区品牌在京津冀地区实现"星火燎原"。

搭建产业园区交流平台。京津冀地区各种形式产业园区已达数百家,其中绝大部分园区是各自为政、自主发展,园区之间更多的是竞争关系,谈不上实质性的合作。为了扭转这种现象,京津冀省际交流活动可考虑增设一个产业园区对接交流平台,如每年定期举办"京津冀产业园区投资洽谈会",让来自不同地方的产业园区代表能充分交流沟通,寻找产业对接合作机会。除此之外,这类交流平台可以吸引国内外各类投资机构参与,让它们与各产业园区管理者进行面对面洽谈,以确定投资合作意向。

第七节　省际交界区域合作

河北与北京、天津行政毗邻地区主要是张家口、承德、保定、廊坊、唐山、沧州等城市下辖的部分区县,许多区县多是落后地区和重点生态功能区。在京津冀协同发展的背景下,京津冀三地宜选择环首都圈和津冀交界毗邻地区作为产业转移协作的重点区域,以此带动京津产业向河北转移。

划定合作开发区域。京津冀三地拥有相当长的共同行政边界,省际交界地区是京津冀三地跨区域合作的前沿阵地。从中心城市空间扩张和外围地区城市空间发育程度看,现阶段,京津冀省际毗邻地区具有合作开发的潜力,也有产业合作的基础条件。此前,北京已经有一批"吃螃蟹"的企业开始进入京外周边地区投资设厂或建设功能型的基地。最明显的现象是,北京的大兴、房山、通州与河北廊坊市交界，廊坊毗邻北京的区县具有要素成本低、距北京中心城区近、对外交通便利等方面优势。类似这样的区域，国家应从要素成本、环境规制、时空距离、功能定位等方面统筹确定产业合作区域范围。

组建合作开发主体。正如上文所述，京津冀三地都有各自的比较优势，这些优势若想有效发挥出来，离不开彼此之间务实合作。对于省际交界区域开发，京津冀三地的地方政府可按照市场规则共同组建合作开发主体，做到共同规划、共同开发、共同管理和共同受益。这些合作开发主体要以企业形式出现，吸引各类社会资本参与，主要承担产业园区的规划编制、开发建设、服务运营、产业对接、平台搭建等业务。

促进产城融合。为了适应产业园区转型升级的趋势，京津冀省际交界地区产业园区建设不宜重蹈先产后城的老路，而应该按照产城融合发展的思路，将园区建设和新城发展统筹考虑，实现产城互动、一体发展。目前，环北京周边地区已分布数十个产业园区，这些园区普遍存在发展层次低、产业特色不突出、配套不完善等问题；并且当地城镇化水平较低，农村剩余劳动力进京就业多。面对这些实际情况，地方政府不宜简单地把这些产业园区作为承接北京产业转移的基地，而应该引导这些产业园区在承接产业转移的过程中实现转型发展，朝着以产兴城、以城促产、产城融合的方向发展，使之成为承接北京产业和人口疏解的新兴增长极和京津冀协同发展的"微中心"。

融入京津冀快速交通圈。京外周边地区接入北京的快速交通线路太少，进出京时间太长，物流成本偏高，从而制约着北京产业对外疏解。京津冀交通一体化已出现实质性进展，京津、京冀和津冀之间的交通"肠梗阻""断头路"有望短期内解决，区域快速交通网络也将逐步建成，三地省际交界地区将由此进入同城化的时代。值得一提的是，环首都快速路这条细长"腰带"有望变成熠熠生辉的"金边"，这不仅有利于北京产业向外转移，带动环京地区跨越式发展，填平京冀产业发展悬崖，也能部分缓解北京"大城市病"问题，让北京实现"瘦身健体"。

第八节　地方政府共同组建专业联盟

在新一轮科技革命与产业变革中，京津冀各级政府要主动引入互联网新思维，探索节点、网络、功能三者相互结合的转移协作模式，将各县（市、区）政府、企业和相关机构动员起来，组建一个会员制的产业转移协作联盟。通过这个转移协作平台，不同会员单位可从中寻找合适的产业对接伙伴。具体运作时，需要做好以下三个方面工作。

第一，确定联盟运作的基本规则。产业转移协作联盟由国家有关部门和京津冀三地省（市）级政府共同成立的机构负责运作。联盟充分吸收各类会员单位的建议，统筹各方的利益诉求，建立一个各成员单位基本认可的行为规则和合作框架。各会员单位要本着地位平等、协商一致、责任共担、利益共享的原则，积极参与产业转移对接活动，分享先进发展理念。各成员单位建立线上、线下的交流沟通机制，明确不同成员单位的权利和义务，建立违约责任和惩罚机制，规避地方政府招商引资恶性竞争。

第二，建设产业转移协作示范园区。在上级政府支持下，联盟按照较高的标准遴选出一批区位好、基础好、发展空间大、配套完善的产业园区作为产业转移协作示范园区，创新体制机制，发挥园区产业转移集中承载优势。这些示范园区除了本地发展需要之外，还要让其他成员单位分享到用地空间和差别化的支持政策。当然，为了开拓发展空间和发挥示范效应，产业转移协作示范园区也可采取"一区多园"方式整合其他园区。

第三，建立产业转移项目布局协作机制。联盟的落脚点在于县级成员单位之间要发挥各自互补优势，开展招商引资、园区共建、项目托管等全方位合作，把招来的项目"打包"起来，布局到合适的产业转移协作示范区。即使是那些不适合发展工业的生态县，也可以把招过来的产业项目落到适宜的产业转移协作示范区，委托园区所在地政府属地管理，根据框架协议获得相应的利益分配。各成员单位合作共建的"园中园"可选择直接管理、合作管理、属地托管、委托第三方管理等形式进行管理，相关利益方分担管理成本。

第 六 章

京津冀产业转移协作的重点领域

京津冀三地开展产业转移既要建立相应的机制，又要围绕协同发展的战略部署，聚焦于一些可行性较强的重点领域。当然，产业转移协作是一件顺势而为的事情，地方政府合力和市场力量都不能"缺席"。除了重点领域之外，京津冀三地还要从一些具有潜在可能的合作空间中开辟一些新的合作领域。"十三五"时期是京津冀产业转移协作的黄金机遇期，从重点领域优先突破是非常必要和可行的。

第一节　北京产业对外疏解

促进产业优化升级与合理布局是北京市当前调整疏解非首都核心功能的重要任务。面对日益显现的产业结构臃肿"体态"，北京市正迎来一次健康"体检"和"瘦身"的机会。这次能否顺利实现科学"瘦身"并保持持续健康发展的关键在于北京市能否突破体制性藩篱，建立起产业对外疏解的区域协同机制。当然，北京市产业对外疏解不宜简单地理解为甩包袱或腾笼换鸟式的产业调整，而应看作贯彻落实习近平总书记分别关于北京市发展和管理工作、京津冀协同发展两次讲话精神的具体行动，同时也表明北京市加强京津冀协同发展的诚心和意愿。

由于历史、政治等方面的原因，北京市曾经发展了一批不符合首都定位的产业，如石油化工、钢铁等。这些产业曾在不同时期为首都经济发展做了重要的贡献，然而，随着城市发展转型和首都功能优化提升，它们逐渐成为影响城市持续健康发展的障碍。因此，促进这类产业对外有序疏解，对于优化提升首都核心功能和促进京津冀协同发展都具有重要的战略意义。

一　北京产业对外疏解的趋势判断

随着国内外发展环境变化和产业发展趋势，北京市产业对外疏解的形式也发生了阶段性变化，正从过去远程式产业配套阶段逐步过渡到近距离转移扩散阶段；同时，对外疏解的产业业态也从工业扩展到服务业。这两方面的变化意味着北京市调整疏解非首都核心功能的重点方向越来越明晰。

第一，远程式产业配套将放缓。2003年以来，北京市电子计算机、通信设备等产业出现了远程式产业配套现象，联想、京东方、清华同方、北大方正等一批本地成长起来的电子信息企业纷纷在长三角、珠三角等地区设立生产基地或兼并重组同业企业，于是带动了部分产业链环节向外转移。同样，北京市虽然集聚了众多的高校和科研机构，但很多科研成果都在异地转化，据北京技术市场管理办公室统计，北京市技术交易有56.3%流向外省市，仅26.7%留在本地。今后，随着京外周边地区产业配套条件改善和京津冀一体化加快，北京市产业有望更多地选择就近配套，科研成果也有更多机会就近转化。

第二，工业近距离转移趋势明显。首钢项目外迁至河北曹妃甸是北京工业向外转移的重要标志。而国际金融危机发生之后，随着用工成本快速上涨、用地日趋紧张、落后产能淘汰力度加大以及环境规制升级，北京市工业出现了近距离、成规模向京外周边地区转移趋势，京东方、中芯国际、曙光、京仪、数码视讯、展讯等一批京企已在津冀两地设立了生产基地或分支机构，各种形式的合作平台纷纷建立，如中关村海淀园在秦皇岛建了分园，天津联手中关村设立了五个合作创新社区。今后，在京津冀三地政府的共同推动下，北京市附加值较低的制造环节有望集中转移到京外周边地区，从而形成"总部在北京、制造在京外"的产业协作格局，并且这种趋势将变得越来越明显。

第三，在政府的积极引导下，不符合首都发展定位的服务业态将加速对外疏解。随着城市病的爆发，那些占地多、聚人多或高耗能的低附加值服务业态将成为北京市此次产业疏解的重点之一，特别是商品交易市场、物流基地、汽车拆解场所、再生资源集散交易市场等，这些场所搬迁将带动相关产业和从业人员向外转移。不仅如此，有些现代服务业的劳动密集型或能源密集型环节也有可能向外转移，如金融、电信等行业的客服，金融、电子商务等行业的数据存储环节。此外，优质服务资源均衡发展也将带动相关人员向外转移，如高等院校、优质中小学、优质医疗机构等在北京郊区或京外周边地区设立分支机构，这样避免过多的人口为了获取优质服务资源而集中在城市中心区。

二　北京产业对外疏解的重点领域

目前，虽然社会各界对北京市产业对外疏解有着不同的看法，但普遍缺少定量分析或调查研究，为此，本书将根据产业发展趋势、行业特点以及布局现状，梳理出北京市产业对外疏解的重点领域。

（一）工业对外疏解的重点领域

对于规模以上工业企业，加强推进一般制造业的加工制造环节转移扩散。根据本书对 2005 年和 2010 年北京市 137 个三位数行业（规模以上工业企业）的分析（见表6—1），电子信息、通信设备制造、钢压延加工等传统优势产业已逐渐向外转移了加工制造环节，这些行业从业人员占比和产值占比都趋于明显下降；而汽车制造、电机制造、输配电及控制设备等优势产业的零配件产业也有可能借这轮产业疏解机会发生产能外溢，从而带动京外周边地区配套产业发展。同时，北京市传统产业的制造环节已呈现向外转移趋势。饲料加工、液体乳及乳制品等农产品加工业和纺织制成品、纺织服装、印刷等都市型工业都出现从业人员占比和产值占比"双下降"，并带动相关的专用设备制造业外迁。金属铸、锻加工，有色金属压延加工，家用电力器具，广播电视设备，通用仪器仪表等产业制造环节已逐步转移到京外。此外，合成材料，基础化学原料，中成药，水泥、石灰和石膏的制造等具有环境污染的产业出现转移或规模萎缩的趋势。可见，对于规模以上企业，应重点引导上述这些产业的产业链加工制造环节向外转移。

表6—1   规模以上工业企业可考虑疏解的重点行业

大类 行业	小类行业	从业人员 占比	产值 占比	环境 影响	转移 方式
电子信息	通信设备、电子计算机	下降	下降	不明显	制造环节转移
金属加工	钢压延加工，有色金属压延加工，金属铸、锻加工	下降	下降	不明显	加工环节转移
建筑材料	水泥、石灰和石膏的制造	下降	下降	明显	整体转移
都市工业	饲料加工、液体乳及乳制品、酒的制造、针织品和编织品及其制品、纺织服装、印刷	下降	下降	不明显	制造环节转移
化学工业	合成材料、基础化学原料、中成药	下降	下降	明显	整体转移、淘汰落后
装备制造	风机、衡器、包装设备等通用设备，纺织、服装和皮革工业专用设备，家用电力器具，广播电视设备，通用仪器仪表	下降	下降	不明显	制造环节转移
	汽车制造、电机制造、输配电及控制设备	明显上升	明显上升	不明显	零部件产能扩散

注：（1）"从业人员占比"是指各三位数行业从业人员数占全市制造业从业人员总数的比重；"产值占比"是指各三位数行业工业产值占全市制造业总产值的比重。（2）根据行业产值占比是否大于0.15%作为判别一行业能否入选本表的依据。

资料来源：中国统计数据应用支持系统。由于2011年以后，规模以上工业企业的统计口径发生了较大变化，因而本书没有用最新的数据进行比较。

对于规模以下工业企业，全面调整疏解"三高"或劳动密集型的行业。2008 年第二次全国经济普查数据表明，北京市规模以下工业企业数量占全部工业企业数量的比重超过 70%，从业人员 26 万余人，主要集中在化工、纺织、家具等"三高"及劳动密集型行业，年实现产值和上缴税金分别仅占全市工业的 2.6% 和 2.7%，利润为负，而能耗、水耗约占全市工业的 21% 和 44%。可见，"三高"和劳动密集型的规模以下工业企业普遍存在技术含量低、资源消耗大、环保意识弱等问题，不符合首都功能定位。为此，对于那些属于落后产能的，应实施就地淘汰；对于那些不符合首都功能但仍有发展前景的，宜向京外周边地区整体搬迁。

（二）服务业对外疏解的重点领域

有序引导占地多、聚人多或高耗能、高耗水的低附加值服务业态向外转移。长期以来，北京市生存着一批低附加值服务业态，这些业态在城市规模迅速扩张和城市功能调整的过程中对城市交通、资源环境等方面产生了诸多的负面影响，表现比较突出的是分布在市内的大型商品交易市场。据统计，2013 年，北京市共有各类商品交易市场 821 个，其中 284 个交易市场分布在四环以内（表 6—2 仅列出知名度较高、规模较大的商品交易市场），人流和车流都非常大，容易造成市场附近区域交通拥堵。同时，北京市也布局着物流仓储、数据存储等高耗能或占地多的低附加值业态，这类产业给城市土地资源利用或节能减排带来很大的压力，因此适宜搬迁到具有比较优势的京外周边地区。

引导优质服务资源对外辐射。由于历史、经济、政治等方面

表6—2　　　　北京市四环以内可考虑疏解的商品交易市场

序号	单位名称	地理位置		营业面积（平方米）	摊位数（个）
1	北京红桥天雅珠宝商城有限公司	东城	二环以内	53290	509
2	北京报国寺收藏品市场有限公司	西城	二环以内	7000	300
3	百荣世贸商城管理有限公司	东城	二环至三环	164185	4571
4	北京市百荣世贸商城市场有限公司	东城	二环至三环	60562	3242
5	北京天皓成服装批发市场有限公司	西城	二环至三环	8000	311
6	三点三服装市场有限公司	朝阳	二环至三环	26843	208
7	北京弘善综合批发市场有限公司	朝阳	二环至三环	9600	246
8	北京朝外们雅宝商城有限公司	朝阳	二环至三环	20000	451
9	北京雅宝路天雅服装市场有限公司	朝阳	二环至三环	30000	740
10	北京潘家园旧货市场有限公司	朝阳	二环至三环	26000	3258
11	北京金五星四道口百货城有限公司	海淀	二环至三环	24000	2536
12	北京十里河天桥民俗文化城有限公司	朝阳	三环到四环	30000	200
13	北京三环金五星服装综合市场有限公司	海淀	三环到四环	20000	1523
14	北京爱家国际收藏品交流市场有限公司	海淀	三环到四环	12000	425
15	北京大红门福成商贸市场中心	丰台	三环到四环	25912	748
16	北京大红门纺织品批发市场	丰台	三环到四环	21500	558
17	北京市正天兴裘皮辅料批发市场	丰台	三环到四环	6000	325
18	北京市大红门服装商贸市场	丰台	三环到四环	50000	3000
19	北京市中联华都红门鞋城市场有限公司	丰台	三环到四环	26490	720
20	北京方仕国际商贸市场有限公司	丰台	三环到四环	22391	958

资料来源：北京市统计局。

原因，北京市教育、医疗等优质服务资源高度集中在首都功能核心区或城市功能拓展区，从而引起大规模人口涌入京城求学或就医；相反，北京郊区优质服务资源却非常缺乏，不能对人口产生有效吸引力，如许多郊区居民为了子女能够获得优质教育而搬进中心城区，使得中心城区居住人口密度居高不下，并引发城市交通拥堵不堪、学区房房价迅猛上涨等连锁反应。由此不难看出，北京市优质服务资源不均衡分布既给城市带来交通不畅、看病难等负面影响，也造成了严重的社会不公平。因此，下一步应引导优质服务资源均衡化合理布局，推动有条件的教育、医疗等服务机构向京外周边地区发展，辐射带动天津、河北等地区。

（三）调整疏解的重点产业载体

加强对产业层次低、特色不突出的镇村产业园区进行治理整顿。长期以来，北京市镇村产业园区布局着建材、纺织服装、家具制造等劳动密集型或"三高"行业的规模以下企业，并具有占地面积大、资源利用效率低、"散、小、乱"突出等特点。据北京市经信委统计，2012年，北京市镇村产业园区总数达281个，入驻镇村产业园区企业数6754家，仅有93个镇村产业园区规划审批手续齐全，占全市镇村产业园区总数的33.1%，同样，审批手续齐全的企业650家，占比9.6%；全年实现利润总额105.9亿元，上缴税金82.6亿元。目前，这些镇村产业园区已开发土地面积的19257.4公顷，入区企业实际占地面积15283.2公顷，占已开发土地面积的79.4%；园区从业人数28.5万人，其中本市职工15.6万人，占54.7%。可见，北京市镇村产业园区存在着开发无序、占用资源多、产出强度低等突出问题，但也为当地居民提供了不少的就业岗位。下一步应把镇村产业园区作为调整疏解非首都核心功能的重点，分类治理，规范发展，清理淘汰一批手续不全、低效的小企业。

第二节　区内产业链整合提升

京津冀地区产业门类较多、资源禀赋差异明显、市场容量较大，但由于行政分割、历史发展、市场竞争等多方面的原因，三地产业发展同质化、产业链条短、产业跨地区不配套的现象十分突出。从产业自身特性和产业布局的现状看，京津冀地区如下产业具有广泛的合作前景。

推动建材工业行业整合。以水泥为代表，京津冀地区目前拥有金隅和冀东两大水泥龙头企业，这两大企业战略性重组工作已经基本完成，金隅冀东水泥公司将整合水泥、混凝土两大业务板块，成为跻身中国第三、世界第五大水泥制造企业。这次重组对于华北地区水泥行业市场格局变动具有重大的影响，不仅提高了行业产业集中度，也有利于化解当地水泥行业产能过剩。随着业务整合到位，金隅冀东水泥公司将在京津冀地区建立比较完整的水泥上下游产业链，打破地区市场分割，形成一个开放、统一的区域市场。

构建汽车工业配套体系。京津冀地区分布着北京现代、北京奔驰、北汽福田、北京长安、北汽股份、北汽越野、天津一汽、长城天津分公司、一汽丰田、一汽大众、一汽夏利、天津比亚迪、河北长城、北汽现代沧州工厂、承德比亚迪等十多家轿车整车制造企业，2015年年产量超过440万台乘用车，与这些整车相配套的企业超过 620 家。但由于这些整车企业股权背景差异很大，各家整车企业配套体系和标准不统一，汽车零部件产业市场出现地方割据现象。今后，京津冀三地整车企业可以通过资本纽带推动零配件产业体系整合，进而吸引更多的区外汽车零部件企业到京津冀地区布局。

建立电子信息全产业链体系。京津冀地区电子信息产业涉及门类众多、地区分布各具特色、跨地协作不多，拥有联想、京东方、北大方正、清华同方、清华紫光、中国电科、中国移动、中国联通、中国电信、中国普天、小米科技等国内知名的大型电子信息企业，涵盖了计算机制造、电子元器件、光电子、北斗导航、移动互联网设备、集成电路、汽车电子、移动互联网等多个领域。以往，由于京津冀三地行政分割比较严重，北京一大批电子信息企业舍近求远，与长三角、珠三角地区配套，如以联想、北大方正、清华同方为代表的三大 PC 制造企业到珠海、重庆、无锡、上海、惠州、深圳、武汉等城市设立生产制造基地。而在协同发展的背景下，京津冀三地的电子信息产业具有广阔的合作前景，京外周边地区既可以承接北京电子信息产业制造、测试、中试等环节转移，同时也可以转变思路，吸引北京电子信息企业将远程的生产基地转移过来，进而缩短北京电子信息产业的研发设计、市场营销与加工制造的物理距离。

促进生物医药产业链合理布局。京津冀地区医药产业规模较大，企业数量众多，门类齐全，产学研用联系紧密，各自形成相对完整的产业链，在全国占有重要的地位，集聚了华北制药、同仁堂、天士力等一批国内知名度较高的医药企业。由于医药产业链原料药生产的环境污染风险较大，目前，北京市化学原料药制造已从位于大兴亦庄的经济技术开发区向廊坊、沧州等京外周边地区转移，这些企业转移标志着京津冀地区医药产业合作迈出了第一步。但由于医药产业链各环节的专业化分工比较强，不同地区适合定位于发展医药产业链中的某一个环节，如新药研发、新药风险投资、新药的临床试验、化学药原料制取、化学制剂等环节都可以在京津冀地区不同城市之间形成紧密的分工。在产业链布局调整中，京津冀三地药监部门也需要在药品生产和流通的监管开展方面跨地区协作，促进监管标准的统一。

推进食品制造转移与协作发展。北京和天津都是我国老字号食品制造企业比较集中的地方，河北发展食品工业具有良好的原材料优势和接近京津市场的区位优势，全聚德、庆丰包子铺、狗不理、王致和、稻香村、六必居、月盛斋等京津两地的老字号名扬中外。汇源果汁、燕京啤酒、味多美、三元、君乐宝等大型食品制造企业总部都设在京津冀地区。由于本地市场规模较大、交通物流便捷、原材料就近供应充足等优势，所以，北京食品企业已将生产制造基地搬至京外周边地区，开始构建以首都为核心市场、产业链覆盖京津冀的食品制造业产业体系。在这一轮的协同发展中，京津冀三地食品工业具有更深入合作的前景。河北既可以承接京津两地食品制造业转移，还可以吸纳本地就业和促进本地农产品就地深加工。京津则通过食品制造业转移，腾出更多的发展空间，减少水资源消耗。

塑造装备制造产业链协作体系。京津冀地区装备制造业具有基础较好、体系完整、规模较大、门类多样等特点。北京和天津都是北方装备制造业的中心，集中了一批央企和研究设计单位。河北近年来装备制造业发展非常快，成为当地工业转型升级的方向。京津冀三地开展装备制造业产业合作具有较大的空间，也具备较好的基础条件，这不仅是由装备制造业企业自身的特性决定的，如模块化生产、定制化生产、柔性化生产等模式广泛应用，还是由京津冀三地各自的比较优势和政策环境决定的。北京市虽然可用于发展装备制造业的土地空间十分有限，但具有人才、技术和资金优势；天津和河北装备制造业发展有基础，也有比较充裕的用地空间和要素支撑条件。当前及今后一段时间，京津冀三地既可以在航空航天、智能装备、精密设备等领域深入开展产业对接协作，又可以在专业设备、工程机械、通用设备等方面进行产业链、物流链和创新链协作。北京可以将零部件生产制造、组装、物流仓储和市场营销放到天津和河北，仅留下企业总部、核心零部件生产和研发设计等。

实现电子商务串联发展。北京集聚了京东、当当网、亚马逊中国等大型的电子商务平台企业，这些企业的组织中枢都在北京，但大型物流仓储设在天津武清、河北廊坊等京外周边地区。由于电子商务涵盖了网上购物、网上体验、大数据应用、互联网金融、物流仓储、呼叫服务等多个业态，对地方的就业和税收贡献较大。京津冀三地开展电子商务产业协作具有互补优势，如北京重点发展电子商务企业总部和附加值高的电子商务服务环节，天津和河北重点发展电商物流仓储、大数据、呼叫服务等产业链环节。这种产业链跨地区协作主要由大型电商平台企业架构和整合，实现地区间的无缝对接。

扩大金融服务链条共建共享。北京是我国国家级金融机构总部所在地，金融服务业十分发达，涉及了金融机构总部管理、金融产品研发设计、金融精算、金融后台服务等环节，这些环节都扎堆集中在北京，不仅占用了大量的资源，也吸纳了大量人员就业。由于金融大数据和客服服务是附加值低、能源密集或者劳动密集型的环节，可以转移到京外周边地区布局，如金融大数据可以布局到承德、张家口等城市的云计算产业园区，就地利用当地富余的电力；而客服服务可以服务外包的形式转移到中西部劳动力资源比较丰富的地区。此外，北京还可以将金融服务部分总部功能转移至天津滨海新区，减少北京金融街用地空间压力。

构建区域文化旅游大网络。京津冀地区文化底蕴深厚，文化古迹分布广，山水风光旖旎，文化旅游产业合作具有得天独厚的条件。北京是我国元、明、清的古都，天津是北方工业中心，河北燕赵文化灿烂。但京津冀三地文化旅游产业长期处于各自发展的状态，产业链分割严重，区域旅游统一市场远没有建立起来。文化旅游是京津冀服务业协作的主要突破口，整合提升文化旅游、红色旅游、山水旅游、冰雪旅游等多类旅游产品和多条旅游线路，由三地旅游部门共同牵头打造京津冀文化旅游大网络，形成景点景区、旅游线路、接待服务和交通线路相互衔接的区域文化旅游体系，让游客无论在京津冀何时何地落地都可以尽情、无障碍地游遍区域的旅游景点。

建设各具特色的文化创意产业集聚区。北京文化创意产业异军突起，发展迅猛，影视业、动漫产业、工业设计等业态发达，但过度集中在朝阳、通州等地。在协同发展的带动下，北京文化创意产业向京外周边地区扩散的趋势非常明显，主要原因是产业用地租金和人工成本快速上涨。北京文化创意群体外流带动了产业向外扩散，促进廊坊"北三县"地区文化创意基地的兴起。另外，北京市文化专业院所、影视剧团和高校数量众多，对外开拓发展空间比较迫切，既可以采取异地办院、异地办学、异地演出等方式带动周边地区，又可以设立文化创意专业基地，形成以北京为核心，辐射京津冀地区的文化创意产业网络。此外，随着非首都功能疏解力度加大，北京市文化创意产业对外扩散规模和广度增大，将带动一批北漂的文艺青年流向其他地区。

第三节　承接国内外产业转移

一　吸引区外配套产业回归

汽车制造、电子信息、装备制造等京津冀地区优势支柱产业与国内其他地区存在较强的关联度，这不仅表现为跨地区产业互补性较高，更表现为一大批面向京津冀地区行业龙头企业服务配套的企业并没有在本地区投资设厂，而是长期通过长距离的物流配送向龙头企业提供各类零部件，或帮助北京研发设计企业代工生产最终产品。这些飞地型的企业之所以能够远距离服务配套是由于京外周边地区相关产业发展环境较长三角、珠三角差，从而抵消了配套企业就近投资设厂的计划。但随着京津冀协同发展战略的深入推进，京津冀一体化程度明显提高，地方政府服务意识也会增强，这些变化有利于吸引那些长期为京津冀产业链做服务配套的企业掀起新一轮的投资"回归"。对于关联配套比较紧密的行业或技术知识外溢比较明显的行业，区外配套产业"回归"的可能性较高,如汽车零部件产业、电子信息产业等。下文将就这两个产业进行重点分析,可以发现其中投资回归的潜力所在。

（一）汽车零部件产业

2015 年,京津冀地区汽车产业实现增加值达到 845.48 亿元,占全国的 12.98%[1],但长期以来整车企业汽车零部件有相当大的比重是从区外采购的,汽车零部件本地配套率低于长三角或珠三角地区。同时,京津冀三地的整车企业都各自建立了自己的产业链配套体系,彼此之间合作非常少。

汽车零部件产业是一个高度庞杂的产业部门,涉及了 3000 多个品种,包括汽车发动机、汽车自动变速器、汽车悬架系统、汽车制动系统、汽车转向系统、汽车照明系统、汽车空调系统等。由于汽车零部件产业高度依赖于整车企业,因而一般选址都会邻近整车厂,配套半径短,能与整车企业形成快速的市场反应能力,美国底特律汽车城和日本丰田汽车城的诞生都是汽车生产制造产业链条高度集中与高效率分工协作的结果。京津冀地区是我国汽车产业相对集中的地方,北京市整车企业是以北汽现代、北汽福田、北汽奔驰、北京长安为代表,包括客车、专用车等在内的整车企业 8 家;天津市整车企业是以一汽丰田、一汽夏利为核心,包括专用车、货车、客车等在内的整车企业 23 家;河北省整车企业是以长城汽车为核心的整车企业 8 家,包括专用车、客车、半挂车、汽车零部件等在内的生产制造企业 220 家以上。[2] 虽然京津冀三地汽车工业增加值占全国的 13.8%,但具有行业影响力

---

[1]　此处是用汽车整车产业的数据,不包括改装车。
[2]　《中国汽车工业年鉴 2016》。

的汽车零部件企业较少，绝大多数的汽车零部件企业规模小、技术工艺水平较低，产品难以进入知名车企的配套体系。与京津冀三地整车企业配套的零部件企业主要分布在长三角、珠三角以及吉林、辽宁、黑龙江、安徽、山东等地，企业配套半径较长，物流成本较高，难以与整车企业建立高效、快速市场响应的供应链配套体系。

今后，京津冀地区汽车产业发展可以行业整车企业为核心，在天津、保定、沧州布局三个规模较大的汽车零部件生产基地，吸引一批专门面向北京、天津、保定的轿车和新能源汽车企业服务配套的零部件企业就近落户，形成相对完整、布局集中、供应链迅捷的汽车产业链。另外，京津冀三地利用交叉持股、共同出资等方式，加快对区内的整车企业进行重组，促进整车制造企业零部件供应体系一体化。

（二）电子信息产业

联想集团作为全球最大的 PC 制造企业，早已将大部分生产制造环节撤出北京，把生产制造基地设在惠州、武汉等城市，类似的现象在中关村科技园经常发生。以中关村海淀园为例，2015年海淀园 918 家企业发生 1680 次对外投资，投资额 487.8 亿元，主要分布在江苏、上海、广东等地方（见图 6—1）。像联想这样的电子信息制造业之所以不愿意在北京周边地区投资设厂是因为区域电子信息关键零配件产业不发达，产业链条不完整，京外周边地区行业技术人才匮乏，营商环境欠佳。当然，这种状况随着京津冀协同发展战略的深入推进而发生质的改变，津冀利用承接北京电子信息产业转移的机会，承接区外关联配套产业链"回归"。

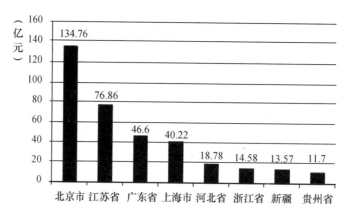

图6—1   中关村海淀园企业对外投资的地区分布

注：统计口径为10亿元及以上的投资项目，不含10亿元以下的投资项目。

资料来源：课题调研资料。

目前，中关村科技园电子信息产业主要涉及集成电路、平板显示、下一代互联网、移动互联网、新一代移动通信、卫星应用等产业以及智能硬件关联产业，这些产业主要集中分布在中关村科技园海淀园、中关村科学城以及北京经济技术开发区和通州国家集成电路产业园等产业基地。在"十三五"时期，京外周边地区不仅要对接北京电子信息产业生产制造和科技成果孵化产业化环节，更要吸引中国电子、大唐电信、联想、京东方、方正、同方等大型电子信息生产制造业投资回归，以及吸引大型电子商务、电信运营商等电子信息服务企业设立大数据应用基地。

二   吸引国内外资本

毕竟京津冀三地产业转移与协作如果只是依靠地区间存量调整，那么产业合作规模是十分有限的，也难以真正搞活区域"一盘棋"。为此，京津冀三地需要通过协同发展战略深入实施，改善交通和生态环境，提高区域一体化水平，优化营商环境和开放条件，吸引国内外特别是发达国家一批新兴产业或科技成果转移转化，共同把产业合作的蛋糕做大。一方面，瞄准"中国制造2025"的重点方向，京津冀三地要结合自己的优势，共同建设面向国内外开放的产业合作载体或中外合作产业园区，吸引一批美国、德国、日本、韩国、英国等发达国家的先进制造业转移。另一方面，京津冀三地的政府或企业要主动"走出去"对接硅谷、128公路、剑桥科学城等全球科技创新中心，在海外设立科技成果转移中心，在国内高标准建设海外科技成果孵化基地、产业化园区以及帮助新技术应用市场。总之，京津冀三地产业转移协作不宜把目光只盯在北京非首都功能疏解上，而应该将目光放到全球和国内其他发达地区，吸引一批掌握核心技术、市场前景大、带动能力强的科技型企业落户。

第四节　科技成果就地就近转化

北京是全国科技资源分布最为密集的地方，高校、科研院所、科技型企业、跨国公司研发总部等各类科技创新主体众多，但相当多的科技创新成果并没有在本地实现转化，而是到长三角、珠三角等地区实现产业化或应用。也就是说，北京与长三角、珠三角科技创新联系强度明显高于京津冀三地之间的联系。并且，这种状况已存在较长一段时间，主要原因是京外周边地区创新环境、产业链配套、人才资源等方面不如长三角、珠三角。为此，"十三五"及未来一段时间，京津冀三地要以创新共同体、创新走廊建设和产业协作为重点，大力推进科技成果就近转化。

一　以协同创新共同体建设带动科技成果就近转化

从京津冀技术转移的去向看，北京市技术输出主要方向是长三角、珠三角等发达地区，而真正流向津冀的份额相对较小。造成这种现象的主要原因是，津冀产业创新生态环境难以吸收或转化北京科技创新成果。目前，京津冀三地科技主管部门已开展了政府层面工作对接，包括签订协同创新的框架协议、签订创新共同体的工作方案、引导各类主体组建创新联盟等。但这些合作只是开始，政产学研用跨地协同创新体系仍有待于建立，以便于市场主体能够通过这个创新网络建立创新成果转化对接，并通过创建各种形式的协同创新共同体促进北京科技成果在京津冀地区就近转化，而不是继续让北京科技成果"远走高飞"。

（一）建设整合资源的平台

第一，共建科技成果交易市场。京津冀三地的创新成果流动性较差，缺少必要的技术成果转移、转让的交易平台或中介。北京技术交易市场虽是全国最重要的技术交易平台，但是面向全国，并没有为北京技术成果向津冀转移提供一条"绿色通道"。在这样的情形下，京津冀三地亟须共同建立一个促进技术转移的科技市场，将北京的科技成果、信息资讯、科技金融等优势扩散至津冀地区，实现技术要素流动畅通。

第二，共建创新创业孵化基地。近几年，京津冀三地从地方政府到企业都陆续建立了一系列的创新创业孵化基地，北京市优秀的创客空间运营企业、科研院所、大学、央企等到天津、保定、石家庄、唐山、沧州等城市设立了科技成果孵化转化基地、众创空间等，把北京的创新创业生态复制到周边城市，如保定·

中关村创新中心。

（二）共建科技攻关平台

第一，组建科技攻关联合体。无论是产业转型升级还是生态环境治理、城市交通、生产生活用水等领域都是京津冀三地共同面对的挑战，同时也是京津冀三地科研机构、高校及相关企业联合进行科技攻关的机会。来自京津冀三地的各类创新主体可以组建形式多样的科技攻关联合体，围绕区域性的重大问题开展攻关活动，力争用较短时间实现突破性创新。当然，这种联合体的形式可以是专业技术协同创新研究院，也可以是行业技术创新联盟，甚至可以成立共同持股的专业公司，由其负责牵头组织项目创新活动的实施。

第二，推进京津冀创新平台共享。京津冀地区分布着数十个不同专业领域的国家重点实验室、省部级重点实验室、国家工程实验室、国家工程研究中心以及国家或省级企业技术中心，这类创新平台隶属不同行政系列或所有制单位，平台之间交流合作很少，开展协同创新的体制障碍较多。在协同发展的背景下，京津冀三地各类相关平台可以探索同类创新平台开放共享，以共同承担国家重大科技项目的协同创新任务为"引爆点"，建立常态化的对接协作机制，进而实现创新平台一体化、网络化、多功能化发展。以汽车产业为例，京津冀三地分布着北京汽车研究所、中国汽车技术研究中心、天津内燃机研究所、中国汽车工业工程有限公司等业内知名科研机构和清华大学汽车安全与节能国家重点实验室、天津大学内燃机燃烧学国家重点实验室，以及清华大学、天津大学、河北工业大学、北京理工大学、中国农业大学等高校车辆工程专业学科点，这些科技创新主体和人才培养主体都可以与区域内的汽车企业共同构建产学研用培的创新链条，实现各类创新平台共享。

（三）共建创新成果转化平台

第一，共建创新成果中试基地。北京从事科技创新的机构较多，但限于发展空间有限，难以为这些机构提供足够的创新成果中试基地。相反，津冀拥有较为充足的发展空间。为此，京津冀三地可利用各自互补优势和产业发展需要，共建一批适合各类科研单位和创新型企业发展需要的中试基地，以此推动北京科技创新成果就近转化。

第二，共建科技成果转化基地。正如上文所指出的，北京已难以为本地科技创新成果产业化提供足够的发展空间，如果这些科技成果能够在津冀得到就近转化，不仅有利于津冀两地培育发展新兴产业，也有利于京津冀三地通过创新成果转化途径形成更紧密的产业协作关系，发展成为更紧密的利益共同体。当然，除了利用各种比较优势之外，京津冀三地在科技成果转化的各环节要共同克服体制机制障碍，既要解决技术成果从实验室到工厂的问题，更要解决涉及科技成果的优惠政策跨省（市）统一问题。

（四）共建协同创新网络

随着新一代信息技术的广泛应用，互联网技术创新将引发区域协同创新组织方式变革，可以预见京津冀协同创新正迎来一次重大变革的机会。除了继续建设创新合作平台或合作载体之外，京津冀三地可以借助新一代互联网技术手段建设联结各类不同创新主体、投资机构、服务中介、用户、地方政府和高校的政产学研用培的协同创新网络，从现在的点对点对接转向开放式网络协同对接，让各类不同创新主体和相关机构都有机会参与进来，通过各种形式的科技创新对接活动，带动带活相关创新成果转化。

二　以创新走廊建设推动科技成果就近转化

当前，京津冀协同发展战略进入全面推进阶段，推动形成京津冀协同创新共同体是区域协同创新的着力点。而建设京津冀协同创新共同体迫切需要相应的空间载体作为支撑，迫切需要区域创新空间组织体系优化重组、整合提升和一体发展。

（一）建设京津冀创新走廊是区域协同创新的现实需要

创新走廊是以知识溢出、技术扩散、创新主体集聚、要素流动以及创新链配置的空间规律为遵循，以创新园区、创新平台、创新网络为载体，以互联便捷的交通线为依托，以创新生态环境为核心，以共建共享的区域创新体系为基础，形成各创新环节相互衔接的条带状或环形分布的科技创新带。美国的硅谷和128高速公路都是世界创新走廊的示范样板，它们的创新空间都不是局限于少数几个园区，而是沿着高速公路向沿线区域延展开来，逐渐形成长达60—100千米范围的狭长创新带，这是创新活动空间集聚、扩散演化的结果。发达国家的经验表明，快速的交通系统、怡人的城市环境、良好的创新生态、宽容的创新文化和完善的配套设施是创新走廊发展的基础条件。

目前，《规划纲要》已提出了构建京津冀协同创新共同体的设想，但没有从空间层面上明确提出北京科技创新资源向津冀辐射的通道，以致津冀两地难以找到有效对接首都科技创新成果转化的空间合作载体。另外，北京建设全国科技创新中心也面临着发展空间不足的现实问题，急需在津冀环首都地区开辟新的发展空间。此外，北京要保持持续的科技创新活力也需津冀提供相应的产业配套。由此看来，打造京津冀协同创新共同体不能只停留于现阶段组建区域性产业创新联盟或技术转移创新联盟层面，更应该从战略层面上着力推动建设京津冀创新走廊，使之成为世界级科技创新带。

（二）建设京津冀创新走廊具有深远的战略意义

京津冀创新走廊是区域协同创新的主战场、战略高地和试验示范区，势必吸引一批专业科研院所、重点大学、优秀企业等主体参与，带动一大批科技型中小企业壮大发展，可在电子信息、生物医药、智能制造、高端装备等行业领域占据创新制高点，形成全球竞争优势。

一是有利于促进京津冀协同创新共同体的形成和发展。京津冀创新走廊是构建京津冀协同创新共同体的战略合作空间，可由京津冀三地共同规划、共同投资、共同建设、共同运营和共同受益，在政府主导、市场运作、企业运营下实现创新成果对接、优质要素对流和创新生态融合，从而形成紧密的利益共同体。

二是有利于全面提升北京全国科技创新中心的地位。京津冀创新走廊可以优化北京科技资源战略布局，为北京科技创新成果应用转化提供平台载体，为北京更好地提升科技创新能力提供产业配套，为北京更快地构建高精尖经济结构拓展发展空间。

三是有利于带动改善京外周边地区创新环境。京津冀创新走廊是北京科技创新发展空间向京外的延伸拓展，必将突破行政区划，促进创新资源和成果开放共享，进而将首都创新生态覆盖范围扩大到津冀的环首都地区。

四是有利于加快治理北京"大城市病"。人口和产业过度集中是北京出现"大城市病"的重要原因，而建设京津冀创新走廊既可以促进科技创新成果在津冀就近实现产业化，也可以带动关联产业链特别是加工制造环节向京外周边地区布局。

（三）统筹布局京津冀三大创新走廊

一是打造京西南创新走廊。以北京北六环、西六环和京昆高速为依托，将北京中关村海淀园、昌平园、石景山园、门头沟园、丰台园、房山园以及保定市涿州、涞水、高碑店、定兴等县市的产业基地串联起来，构建"一带多园多基地"科技创新园区链，不断扩大科技创新、研发服务、应用转化和军民融合的优势，推动形成京西南地区创新带。随着园区业态更新、平台升级和功能提升，这条创新走廊建设应围绕新一代信息技术、高端装备、新能源、节能环保、研发服务等重点领域，进一步增强中关村核心区的原始创新能力，拓展中关村园区的发展空间，吸引在京高校、科研院所转移技术和转化成果，促进创新链向石景山、门头沟、保定北部地区延伸。

二是打造京津廊创新走廊。以京津城际、京津高速为依托，将北京经济开发区、大兴生物医药产业基地和廊坊市区、天津武清区、天津北辰区的产业园区串联起来，构建"一带双核多点"布局体系，突出高端制造、外向型发展和产业化特色，推动形成京津廊地区重点产业研发转化的发展带。这条创新走廊应以北京经济开发区和大兴生物医药产业基地为核心，带动廊坊龙河高新区、武清京津科技谷、北辰经济开发区等园区联动发展，承接北京东部、南部的新兴产业和创新成果就近转移扩散。同时，围绕电子信息、生物医药、高端装备三大重点产业领域，瞄准创新成果的产业化和示范应用，强化产业链和创新链整合、协同，引导首都创新资源朝着京津冀方向扩散，带动廊坊市区和天津武清、北辰等区的相关产业发展。

三是打造环首都创新走廊。以环首都地区为主体，以津冀环首都的 17 个区县为节点，立足环首都现代农业科技示范带，聚焦绿色创新主题，适当从现代农业扩展到生态环保领域，建成环首都地区绿色科技创新示范带。一方面，以现代农业示范园区为依托，吸引科研力量和工商资本参与建设，促进首都优势农业科技资源与环首都地区传统农业改造提升有效对接，通过建立创新载体、引入新的发展理念、探索新的商业模式等途径建设现代农业协同创新试验区。另一方面，以生态环境治理为引爆点，注重示范应用，合理布局环首都生态科技示范园区，发挥区域性重大生态环境治理项目带动效应，加快生态环保科技产业发展。

三 以产业转移推动科技成果就近转化

制造业是创新的主要承担载体，北京一般制造业向津冀转移不可避免将带动相关科技创新服务机构做出相应的战略布局调整。以印刷业为例，北京市拥有中国印刷科学技术研究院、北京印刷机械研究所、中国新闻出版研究院等科研机构以及北京印刷学院等高校，而印刷业被列入北京市新增产业限制目录，这意味着印刷产业新增项目将被限制在京发展，于是不得不转移至京外周边地区，与之相关的科技创新配套机构研究出来的创新成果也会紧跟着产业转移出去，实现在京外周边地区就近转化。这种现象将主要表现为以下两个方面。

第一，产业链生产制造环节转移带动科技创新成果异地转化。"十三五"期间，北京市汽车、电子信息、装备制造、医药制造、印刷、食品、饮料等产业向周边地区转移，这一轮产业转移其实就是各行业产业链进行一次较大规模的战略布局调整，把生产制造环节转移到京外周边地区，而将企业总部、研发设计和营销中心留在北京。但企业生产制造布局调整绝不是企业个体的独立行为，而是同行业企业的集体行动，势必带动相关科研支撑机构进行适应性的布局调整，以便于缩短与用户之间的距离，因此极有可能实施科技成果异地转化战略，将科技创新成果转移到新的用户所在地，实现就近衔接和转化。

第二，津冀企业逆势进京设立研发创新机构。不可否认，北京科技创新资源并不会因为非首都功能疏解而衰弱下去，相反，将受益于京津冀协同发展战略，从产业双向流动中增强实力。在北京产业"走出去"的同时，越来越多的津冀有实力的企业与北京的各类科研机构、大学等创新主体合作创立联合创新中心或独立设立研发中心，就近获取北京优势的创新资源，进而形成"北京研发、津冀孵化"的创新链。事实上，中关村海淀园与秦皇岛经济技术开发区、赤峰市政府签订园区共建协议中就明确，秦皇岛或赤峰市的科技型企业到海淀园设立研发总部，将同等享受海淀园的优惠政策和海淀区政府的支持。

第七章

京津冀产业转移协作的
市场化实践模式

京津冀产业转移与对接协作不仅要政府积极介入和搭建平台，更要市场主体唱主角。而以往研究更多地讨论政府在产业对接协作中的作用，却忽视了市场化运作的重要性。为了弥补既有研究存在的不足，本章结合京津冀协同发展的最新进展，重点讨论京津冀产业转移协作的市场化实践模式，以期为国家实施京津冀一体化战略提供有价值的决策参考。

第一节　国内产业园区合作模式

"十一五"以来，地方开始探索合作共建园区，实现区域协作促产业转移的创新，取得明显成效。最为突出的是广东省和江苏省，以政府文件的形式，明确合作共建园区的思路和操作办法。2006年，江苏省政府出台了《关于支持南北挂钩共建苏北开发区政策措施的通知》（苏政发〔2006〕119号），开始掀起合作共建产业园区的热潮。随后，广东省委、省政府也印发了《关于推进产业转移和劳动力转移的决定》（粤发〔2008〕4 号）和《广东省产业转移区域布局指导意见》（粤经贸工业〔2008〕385 号），有效支持珠江三角洲与两翼开展产业转移的区域协作。2009 年，江苏省政府出台了《关于进一步加强共建园区建设政策措施的通知》（苏政发〔2009〕147 号），进一步细化了合作共建园区的政策。

合作共建园区在政策的有力支持下取得显著成效。2006 年，江苏大力推进苏南和苏北区域协作共建园区，很快就出现一批合作共建园区，比如"苏州—宿迁""江宁—淮阴""无锡新区—新沂""常熟—泗洪""宿豫—张家港"等第一批共计 10 个合作园区在苏北相继建成。"十一五"期间，江苏南北合作共建园区数量和规模增长较快，每年带动超过 500 亿元的产业由苏南向苏北转移。

除了省内共建园区之外，跨省级行政区共建园区的现象开始出现。近年来，江苏承接上海产业转移，共建工业园区也在苏北出现。例如，上海外高桥江苏启东产业园、上海嘉定工业区江苏建湖科技工业园、江苏大丰和海安的上海杨浦工业园、上海长宁区临空经济园江苏盐城工业园等。安徽省则利用独特的地理位置，主动对接、融入长三角，承接长三角产业转移，如滁州经济技术开发区和上海漕河泾新兴技术开发区、莘庄工业区、南京高新技术产业开发区签订协议共建工业园区；铜陵经济技术开发区和恒天集团合作建设服装产业园；芜湖利用机械工业园设立"浙萧工业园""宁波工业园"等园中园。与之不同的，国家也将合作共建产业园区列入对口支援新疆、东北等地区的一项重要工作，支持东部发达地区与新疆、东北等地区合作共建产业园区，推动产业转移协作。具体而言，各地实践已经探索出以下合作共建园区模式。

第一，对口援建模式。这种模式是指由在欠发达地区所辖开发区内划出空间，与对口发达地区政府（或园区）共建，发达地区政府（或园区）提供必要的资金、人才、信息支持，协助做好园区发展规划，参与园区管理和招商引资。苏州—宿迁合作工业园区就是这种模式的代表，主要依靠行政力量，利用优惠政策，由过去纯粹输血式变为现在造血式对口支援做法，并传播先进园区管理理念。

第二，园区托管模式。委托方在工业园区内划出若干个"园中园"，通过公开招标、定向委托等形式确定具有管理、资金、产业基础等优势的受托方（政府、园区或企业），全权委托其对这些"园中园"进行运作，包括园区发展定位、产业选择、招商引资、公共基础设施建设等。合作双方按照签订托管协议履约，双方共同制订合作园区的总体规划，推进园区基础设施融资和建设。委托方负责园区招商引资和园区服务管理，并享有园区前期开发所得的收益（5—10年），后期收益由双方按比例分成。例如，安徽省铜陵市开发区与横天集团合作共建园区就是采用这种模式，它的优点在于有效解决欠发达地区资金和管理经验不足问题，不足之处在于违约风险很大。

第三，股份合作开发模式。在现有工业园区内设立合作共建园，交由合作双方成立的合资股份公司负责管理运作，该公司负责园区规划、开发建设、招商引资、服务管理等工作，收益按双方股权结构进行分配。上海外高桥启东合作工业园区就是采用这种模式，具体运作方式是：上海外高桥保税区联合发展有限公司和江苏启东滨海工业园开发有限公司达成协议，由双方共同出资成立一家工业园区开发公司。这家合作公司的注册资本金3.2亿元，股权结构是上海占60%、启东占40%，税收等收益按股权结构分配，即6：4分成。这种模式的好处在于实现双方优势资源互补，由合资公司具体操作，经营管理比较规范，也能有效调动双方的积极性。

第四，委托招商模式。在现有工业园区内划出"园中园"，地方政府全权委托给另一方负责对特定区域或特定产业开展招商引资。根据双方签订的协议，地方政府作为委托方按照招商引资实际到位资金的4‰—8‰作为奖金补偿给受托方，另一种方式是在引进来的项目投产产生地方税收按比例分成，共同受益期限一般为5年。双方共同规划合作园区的发展和产业选择，按照规划定位对外招商引资。目前，芜湖市机械工业园和浙江玉环、乐清的合作共建园区就是委托招商模式的代表，委托方把握住台州玉环、温州乐清产业集群转型升级的机遇，将一批同业企业介绍到芜湖发展，形成产业集群异地重建。这种模式的好处在于利用委托方独特的社会资源优势，促成集群整体转移，取得事半功倍的效果，但这种模式面临很大的违约风险，即受托方有可能从中违约。

事实上，目前，安徽等中西部省份各地开展承接东部产业转移已不局限于上述模式，由单一模式走向各种模式的综合，从而降低了履约成本和风险，有效推进了合作共建园区建设进度。近年来，国内产业园区合作模式从珠三角、长三角等发达地区迅速向全国其他地区推广开来，迎合了产业跨区域对接协作的现实需求。其中，共建飞地产业园区最为典型，适用范围最广，有利于调动产业转出地和承接地的积极性，进而减少产业跨地区转移的障碍。此外，有些模式是在地方政府的支持下由企业自己建设和运营管理的，如廊坊市固安工业园等。从各地实践模式来看，产业转移协作的实践模式契合了当地的实际情况，有效解决了欠发达地区地方政府能力不足和财力薄弱等问题，同时也有效发挥了企业的主体作用，可以说，这些模式都是政府与市场实现良性互动的结果。表7—1从合作形式、合作内容、利益分享、适用范围等方面对产业转移合作模式进行比较，从中看出，这些模式都可在京津冀产业转移协作中得到应用。

表7—1　　　　　　　　几种代表性的产业园区合作模式

模式类型	合作形式	合作内容	利益分配	适用范围	具体案例
共建飞地产业园区	地方政府之间或园区之间的协议合作	共建共管、共同招商	税收地方留成部分共享	各类地区	苏州市与宿迁市共建苏州宿迁工业园区
异地托管、共建产业园区	地方政府与平台型产业园区投资公司合作	委托代建、招商和经营	税收地方留成部分共享	有产业基础的地区	中关村发展集团与天津合作共建京津中关村科技新城
异地加盟式产业园区	产业园区之间协议合作	品牌共享、共同招商	税收地方留成部分共享，产业换市场	有产业基础的地区	中关村海淀园设立秦皇岛分园
企业建设产业新城	企业与地方政府协议合作	企业自建和招商引资	税收地方留成部分共享，企业获得部分地产开发	欠发达地区	华夏幸福基业股份有限公司建设的固安工业园

续表

模式类型	合作形式	合作内容	利益分配	适用范围	具体案例
区域对口援助的产业园区	地方政府对口支援	对口产业援助	无	欠发达地区	东莞市实施建设永安坝工业园区的援疆项目

从表7—1介绍的这几种模式看，利益分配机制是关系模式能否成功对外推广的核心环节。目前，我国很多产业转移合作园区的利益分配都是采用税收地方留成部分的共享机制，这种机制操作相对简单，单边收税，双边或多边受益，但这种模式也存在一定的政治风险，如果国家财税征管办法收紧或地方官员更替都有可能导致区域合作协议终止执行，相关的合作方将为此付出代价。另外，有些地方推出的合作模式是多元化的利益分享机制，如有些地方将园区开发运营交给民企代建、代管，同时也将部分商业或住宅用地采用封闭式"招、拍、挂"的形式划给同一企业开发，以补偿企业建设园区的投入和运营亏损，这种方式比较适合经济欠发达地区，但存在土地违规出让的嫌疑。可见，当务之急就是采取市场化的运作模式，以规避产业园区合作面临的主要风险。

第二节　平台型园区专业企业的运作模式

鉴于目前产业园区合作模式存在各种弊端，京津冀产业转移协作应积极转变思路，规避政策风险，建立合法依规的利益分配机制，依靠平台型园区专业企业，引导产业合理有序转移和适度集聚。

　　平台型园区专业企业可由京津冀三地按股权配比，共同出资组建，并作为一个重要的市场主体，参与京津冀产业转移协作。这类企业的战略定位是：第一，基于多边市场的产业转移中介平台。借鉴互联网平台发展模式，将企业、地方政府、风险投资机构、行业协会、商务咨询中介等产业转移相关利益主体吸引到一个互动、共赢、协同的网络平台。第二，产业生态异地复制的服务商。这些平台型园区专业企业除了参与承接北京市产业向外转移之外，更重要的是扮演北京高品质的商务环境和创新创业氛围向外"复制"的服务商。第三，优势园区品牌的运营商。在"中关村""泰达"等高端园区品牌的基础上，利用品牌形象和价值，将成熟的园区开发运营模式逐步向周边地区示范、复制和推广，实现连锁经营、平台管理和价值共享。

　　对于平台型园区专业企业而言，它们在这次京津冀产业转移协作中将面临产业承接合作载体建设、园区"腾笼换鸟"式调整升级带来的空间再配置、产业异地升级或扩能带来的融资需求、转移项目落地选址服务、产业生态环境异地复制等机遇。这些机遇不仅给这些企业带来可预期的盈利点，同时也为京津冀协同发展创造了良好的投资环境。

　　从产业转移视角看，转出地和承接地都是平台型园区专业企业开展业务的对象，同时考虑到上述对平台型园区专业企业的三个战略定位，以及其在京津冀协同发展中承担的任务，可以将平台型园区专业企业投资方案划分为 A＋B、A＋C、B＋C、A＋B＋C 等四种不同的组合（见图7—1）。其中，A＋B、

A＋C、B＋C是一般模式，也是目前平台型园区专业企业一般采用的合作模式，而A＋B＋C是升级模式。另外，这些组合方案有不同的收益。其中，税收地方留成部分分享机制比较成熟，可操作性强，但可能存在地方政府违约的风险。不限于此，平台型园区专业企业也可选择对北京当地一些成长性好的企业进行股权投资，即使企业外迁，也有机会从中分享企业成长的红利，但这种类型股权投资需要与完善的中介服务相结合，以降低投资风险；而平台型园区专业企业可以从中介性质的增值服务中收取必要的服务费用。无论是哪种收益方式，最终都成为企业的营业收入，并向当地政府上缴相应的税收，这是一种多方共赢的局面。

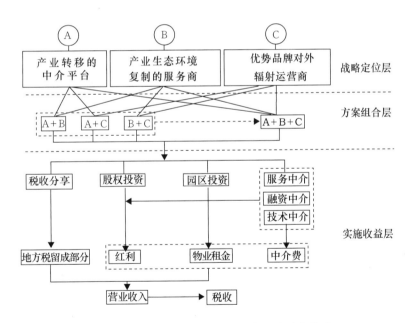

图7—1　平台型园区专业企业的市场化运作模式

第三节 平台型园区专业企业的典型案例

在实践中，企业在京津冀协同发展中扮演着重要的角色，特别是中关村发展集团、天津泰达集团、华夏幸福基业股份公司等产业园区开发管理专业企业，在这次京津冀产业转移协作中可以发挥平台型企业的内在优势，探索京津冀协同发展的市场化实践模式。

一 中关村发展集团[①]

中关村发展集团是经北京市委、市政府批准设立的一家旨在推动中关村自主示范区建设、统筹各园区建设、运用市场化手段配置创新资源、具有平台型性质的国有开发投资企业。根据北京市委、市政府的要求，中关村发展集团主要发展业务定位是产业投资、科技金融和园区发展三大业务板块。

（一）成立背景

中关村科技园是从电子一条街起步的，经过 20 多年的发展，已演变为"一区十六园"的格局。这么多园区进入中关村科技园，很快就出现了"大管委"管不住分园，各分园产业同质化发展、空间碎片化等一系列问题，其中管理体制问题最为突出，中关村科技园管委会对各区县的分园只有业务指导权限，对人事任命、招商引资、资金调配等方面缺少实质性的话语权，"两张皮"的管理体制弊端逐渐暴露出来。换言之，中关村科技

---

① 中关村发展集团官方网站（www.zgcgroup.com.cn）。

园"一区十六园"只是政策意义上的产业园区，各分园享受中央赋予中关村国家自主创新示范区的各种特殊政策，却具有高度的自主权。由于中关村科技园管委会只是政府的派出机构，不具有行政管理权限，其职责主要是研究制定规划和政策、协调整合创新资源、统筹产业空间布局、管理园区发展专项资金等。各区（县）也设立中关村分园管委会，作为区（县）政府派出机构，负责分园规划编制、产业发展、招商引资、园区服务等。由于"大管委"缺少对分园的有效管控手段，于是各区（县）分园不断开辟出各种类型的产业功能区，使得分园呈现"散、小、乱"的扩张趋势。

为了避免各分园间的同质发展和无序扩张，北京市委、市政府提出用市场化手段加大市级统筹、调控力度，决定组建"中关村发展集团"，让原来隶属各分园的科技地产公司入股进入中关村发展集团，通过股权和资本的纽带作用将这些公司统一整合进来，逐步探索一体化发展。同时，由中关村科技园管委会代表市级政府，对中关村发展集团市级财政投入资金履行出资职责，依法对其国有资产进行监督管理，并加强业务指导。

集团成立初期，注册资本达 123.92 亿元，总资产 750 亿元，集团全资及控股子公司 16 家。

（二）主要业务

中关村发展集团主要围绕产业投资、科技金融和园区发展三大业务进行布局，并采取"走出去、引进来"相结合的双向开放思路。一方面，借助"中关村"金字招牌的影响力，与其他省（市）合作，积极开展跨区域产业协作，开发建设中关村分园，推广中关村发展模式和引导产业向外转移，如京津中关村科技城、南宁·中关村创新示范基地等。另一方面，加大对接国外科技园区，吸引先进科技成果和人才，引进先进园区管理经验，不断增强中关村科技园竞争力，如2016年5月，在美国硅谷设立了创新中心，该中心将作为中关村发展集团海外布局的战略支点，为中关村科技园挖掘和引进海外创新资源开辟了通道。

目前，中关村发展集团聚焦于三大核心业务，并将这些业务板块有效整合，形成一个适合创新创业的生态圈。三大核心业务的具体方向包括[①]：一是产业投资。这一业务板块主要包括代持政府股权投资和自有资金投资两种方式，其中，自有资金投资形式是通过直接股权投资、附认股权的债券投资和参股基金等方式为中关村科技园各园区和中关村发展集团与其他地方合作共建园区的科技成果转化和科技企业成长提供融资支持。二是园区发展。这一业务板块主要包括园区土地开发整理和载体建设与运营两个环节，除了中关村科技园之外，目前中关村发展集团主要是依托中关村创新资源，以京津冀协同发展战略为契机，重点布局京外周边地区，加大开辟其他省（市、区）园区发展合作空间。三是科技金融。以中关村科技园创新型中小企业需求为主，促进科技与金融融合发展，重点开展科技担保、科技信贷、科技租赁、私募股权基金、知识产权运营等方式，促进银行、证券、信托等金融机构对科技的支持，大力扶持创新创业。这三大板块业

---

① 中关村发展集团官网发布的《中关村发展集团战略规划》（www.zgcgroup.com.cn）。

务分属不同事业部负责，分工相对明确，但注重以项目带动下的跨部门协作。产业投资事业部负责产业项目挖掘、投资、管理以及重大项目落地，实质就是招商引资和新兴产业培育。园区发展事业部负责现有园区规划建设、管理和产业发展。科技金融事业部负责政府性投资基金投资管理、开展与其他金融机构合作，监测金融风险，研究开发新的金融产品、管理园区各类金融资产等业务。

（三）具体运作

中关村发展集团围绕三大业务板块在具体运作中有侧重点及相应的策略，并体现"中关村"科技创新的形象。

一是投资产业集群。中关村科技园是我国移动互联网科技企业分布最为集中的地区，集聚了超过6000家的移动互联网企业，从业人员超过40万人，在移动互联网各环节都形成了一批具有技术创新优势的企业（见表7—2）。作为中关村科技园重点发展的产业集群，移动互联网和下一代通信集群已经形成规模，并且在技术应用方面具有领先优势，具备冲击世界级产业集群的潜力。正因为看到这一点，中关村发展集团根据企业是否掌握核心技术、是否拥有一个优秀团队以及是否有较好的市场前景等决策依据，选择一批市场前景好、技术占优、管理先进的科技型企业进行重点投资，同时吸引社会资本跟投，从而解决了科技型企业资金需求。2012年12月，中关村发展集团与北京创新乐知信息技术有限公司等19家移动互联网企业签订投资合作协议，协议投资总额达1.71亿元，目的就是提升中关村在移动互联网全产业链的整体优势，打造一个拥有自主技术优势的产业集群。

表 7—2 中关村科技园移动互利网产业集群

	代表性企业	地位
核心芯片	创意视讯、君正、芯原微、华矽微、方舟科技	国内领先，紧追国际
移动终端操作系统	播思通讯、中科创达、风灵创景、京联云	国内领先，国际一流
浏览器	优视、百度、奇虎	国内领先，国际一流
移动智能终端设备	联想、汉王、爱国者	国际领先
网络安全	奇虎、网秦、启明星辰、海泰方圆	国际领先
移动搜索	百度	国内领先，国际一流
网络设备	信威、天元网络	国内领先，国际一流
移动平台	百度、腾讯、博云	国内领先，国际一流
移动应用	网易、亚信、中科大洋、赶集网	国内领先，国际一流
移动娱乐	优酷土豆、暴风影音、乐视网	国内领先，国际一流
移动阅读	北大方正、中文在线	国内领先，国际一流
移动社交	新浪、搜狐、人人网	国内领先，紧跟国际
移动电子商务	易宝支付、凡客、京东、1 号店	国内领先，国际一流
移动广告	亿赞普	国内领先，紧跟国际

资料来源：《产业集群：打破移动互联营收尴尬》。

二是做强科技金融。中关村发展集团改变政府原来直接对科技企业财政补贴的做法，代表市政府对企业进行股权投资，并作为政府股权的代持主体，履行相应的职责。在选择投资项目时，中关村发展集团按照市场做法挑选一批有技术优势和行业发展前景的项目进行投资，并在不影响企业发展和确保合理收益回报的前提下适时退出，在选择退出时不以营利为目的，初衷就是借助政府资金进行股权投资的同时，撬动更多社会资本参与科技项目投资，解决科技型企业融资难问题。目前，中关村发展集团已经逐步建立起包括创业投资、产业基金、科技担保、小额贷款、科技租赁、知识产权运营等业务在内的科技金融服务体系，几乎覆盖了科技型企业成长全过程和产业发展全链条。利用集团背景和自身优势，中关村发展集团组织银行、担保公司、科技服务中介等机构共同为科技企业提供"投保贷"一体化的服务。不仅如此，中关村发展集团还参与设立了创投子基金、天使投资子基金等30多只基金，总规模超过150亿元，资金放大倍数超过14.5倍。[①]

三是加强区域协作。中关村发展集团在继续挖掘中关村板块潜力的同时，开始实施"走出去"的发展战略。在市域内，中关村发展集团积极与区县合作，建设一些专业突出、高端高新的产业高地，如2011年1月，中关村发展集团与通州区政府共建了"中关村国家院所（通州）产业园"，中国建材研究院等5家国家级科研院所13个项目成为首批入驻的项目，园区建成投产后将形成160亿元产值，由此形成了通州区开展央地合作的新高地。另外，按照北京市政府对集团的发展定位，中关村发展集团运用股权投资的手段，以资本为纽带，通过园中园示范建设，加大对中关村各园区产业发展规划的统筹。例如，2014年8月，中关村发展集团与中国交通建设集团合作在大兴生物医药基地建设"中关村高端医疗器械园"，依托这个园区，将吸引国内外先进医疗器械高科技企业及相关科技成果转化，使之成为央地和市区合作的示范载体。除了深耕北京之外，中关村发展集团还积极开拓京外的发展空间。例如，2013年，中关村发展集团携手中关村管委会与天津市宝坻区合作共建京津中关村科技新城，新城规划面积

---

① 王海蕴：《科技金融新路径三链融合》，《财经界》2013年第10期。

14.5 平方千米，依托中关村高端资源优势，承接中关村科技成果转化、高端产业核心组件制造、知名企业区域性总部、研发服务功能等，使之成为集聚京津高端资源、产城融合、创新驱动的科技新城。

（四）经验启示

中关村发展集团尽管成立的时间不是很长，但其探索出的模式却具有很强的示范意义，对于诸多政府出资设立的园区开发专业企业转型发展具有借鉴意义。主要的经验启示包括以下几点。

第一，厚植品牌价值。中关村发展集团立足中关村，把中关村的这一强势品牌作为对外输出的软实力，带着中关村科技园的企业、创新资源和先进要素"走出去"，开辟更大的发展空间。同时，中关村发展集团和这些企业通过各种投资收益反馈到企业总部，进而强化北京总部和科技创新优势。

第二，平台化运作。中关村发展集团就是运用互联网思维组建起来的平台型企业，它把科技型企业的成长和产业链全过程中的主要配套服务打包起来。无论中关村发展集团走到哪里，都将有一批科技型企业跟到哪里，因为它们可以享受中关村发展集团创造出来的产业生态环境。

第三，服务创新创业。中关村发展集团始终坚守创新创业，把业务渗透到创新创业，用自身的实力，撬动社会资源，共同支持创新创业。在此过程中，中关村发展集团利用境外"接口"，对接硅谷等全球科技创新中心，吸引一批与中关村科技园定位相符合的创新成果孵化产业化，进而为中关村科技园发展培育新兴的产业。

二　华夏幸福基业股份有限公司

华夏幸福基业股份有限公司是从廊坊市的一家普通房地产开发商一步一步成长起来的，现已成为全国代表性的城市运营商。华夏房地产开发有限公司（以下简称华夏幸福基业）原先只是一家从事房地产开发的企业，2002年找到了一个机会就进入廊坊市固安县从事工业园区开发。尽管固安县地理位置紧靠北京，但当时经济发展水平比较低，缺少产业支撑，也没有一个像样的产业园区。在华夏幸福基业到来之前，地方政府没有财力自主投资建设一个基础设施相对完善的工业园区，也没有能力招来比较大的工业项目。面对这样的发展困境，廊坊市政府就有引入民间资本直接投资产业园区的想法，很快就推动了华夏幸福基业与固安县政府的第一次合作，由企业负责接管"固安工业园区"，直接主导园区开发建设和运营管理。

（一）固安工业园区开发模式

固安工业园区是国内引入民营企业投资兴建和运营管理的一个典型样本。进入21世纪以后，固安县还是一个传统的农业大县，工业基础相当薄弱，地方财力非常拮据，正如上文所述，固安县政府大胆创新园区发展模式，在廊坊市政府的支持下引入园区专业投资运营商——华夏幸福基业投资股份有限公司，双方签订协议，由华夏幸福基业负责园区规划、配套设施建设、招商引资、园区服务等，地方政府在园区建成之后组建管理委员会负责园区行政事务管理，而华夏幸福基业和地方政府按照签订协议分享一定期限的地方税留成部分，同时获得工业园区周边部分地块的房地产开发。其实，万事开头难，华夏幸福基业要从自身的强项房地产开发业务拓展到工业地产，在当时也属"吃螃蟹"的那一批。华夏幸福基业接管固安工业园区最初的发展也不是非常顺利，招不进来项目是一个不争的事实。但2006年以后，这种形势发生了好转，一批产业项目先后落户园区，使得园区集聚效应开始"升温"，越来越多从北京等地转移过来的产业扎堆儿在固安工业园区。在固安工业园区发展进入"快车道"的同时，华夏幸福基业也在转型，借力资本市场，实现借壳上市，将公司改为现在的名字，并从地产商逐渐转变为产业新城运营商，倡导以产兴城、以城带产、产城融合、城乡一体化的发展理念，将公司业务划分为产业新城集团、地产集团、城市发展集团、产业发展集团、物业集团等事业公司。

很快，华夏幸福基业不仅聘请国内外知名的研究机构或咨询公司对园区进行全方位的规划，还投入巨资加快固安工业园区基础设施升级和城市功能配套，实现"九通一平"，并且组建专门招商的团队，分赴北京、天津、上海等地拜访企业和招商引资，目前，初步形成以装备制造、电子信息、汽车零配件为主导的三大支柱产业和航天、生物制药两大新兴产业。同时，华夏幸福基业与地方政府联手共同规划产业新城，实现产业和城市融合发展，实现产业园区的转型升级。

固安工业园区发展模式是华夏幸福基业股份有限公司开发最早的一个产业新城样板，也是华夏幸福基业股份有限公司对外改良升级、复制扩张的成熟模式。到2013年底，华夏幸福基业已在大厂、怀来、涿州、涞水等环京地区建设了一批各具特色的产业新城项目，这些项目初具规模，成为带动当地推动"四化"同步发展的主要阵地。

（二）经验启示

这个模式的可取之处是，当地方政府财力有限时，可以引入产业园区投资运营专业企业负责园区开发、运营管理，同时地方政府将周边地块委托企业进行房地产开发，让企业从中获得收益。地方政府负责组建园区管理机构，提供必要的行政管理服务。当园区建成投产之后，投资运营企业和地方政府按照协议要求在一定的期限之内分享地方税留成部分。实际上，这是一种捆绑式投资运营模式。主要的启示包括以下几点。

第一，地方政府大胆放权和转变职能。在地方财力较弱的约束条件下，地方政府果断将园区规划、园区建设、招商引资、园区运营管理等方面交给市场来完成，由民营企业承担原来地方政府一直从事的领域；同时，地方政府积极转变职能，把主要精力转向公共服务，千方百计为当地企业和百姓提供更加完善的基本公共服务，促进城乡一体化发展。

第二，企业有长远战略眼光。华夏幸福基业公司发展思路不受固安县落后发展现状束缚，聘请罗兰贝格等世界顶尖的咨询公司对园区发展进行深入研究，提出了极具创新性的战略发展思路。而作为一家民营企业，华夏幸福基业不仅关注短期园区发展，也考虑到如何营造更好的城市环境促进产业与城市融合发展，提升产业园区城市配套功能，使之最终实现产业新城目标。

第三，建立长短结合的利益共享机制。地方政府与民营企业之间紧密合作是政府与市场关系的生动实践。华夏幸福基业从某种程度上解决了地方政府在产业发展中的不足和一些制约条件。但作为企业，华夏幸福基业并没有放弃追求利益最大化的本质目标，而是将短期利益和长期利益相结合，在考虑长期利益的同时，适当牺牲部分短期利益甚至放弃全部，如自筹资金投资基础设施建设，这些投资回报周期很长，短时间内难以收回。更进一步地看，华夏幸福基业与地方政府长期积累的互信关系是企业情愿下功夫深耕地方发展的最基本因素。

第四，主动对接北京产业转移。固安工业园地处于从天安门往南 50 千米的地方，进出北京交通非常便利，同城化趋势非常明显。随着北京"大城市病"日趋严重，北京很多产业和人口要向外疏解，固安县自然而然就成为承接北京城市人口和产业转移的前沿阵地。一方面，当地发展水平较低，工业化与城镇化进程尚未完成，生态环境保持较好；另一方面，固安要素成本较低，生活成本也很低，并且，华夏幸福基业积极对接北京市优质中小学和三甲医院到固安设立分校或分院，北京的这些优质服务资源一旦在当地布局，无形之中就提升了当地的区位价值，对"北漂"、北京退休老人等群体具有很强的吸引力。

第五，企业家精神作用功不可没。华夏幸福基业之所以从一家无名的房地产公司蜕变为一家上市的产业新城运营商，其成功之处除了赶上国家发展的大好机遇之外，也离不开创业者的企业家创新精神。企业家在其中扮演的角色除了敢于开创一种工业地产和住房地产相互结合的商业模式之外，还表现在其善于处理好企业与地方政府之间的关系，让企业扎根于地方，实现"落地生根"。固安工业园区只是华夏幸福基业的一个成功缩影，但却从中折射出了企业商业模式的最初来源之道。

第八章

国内外产业转移协作的经验借鉴

进入 21 世纪，国内外产业转移协作方兴未艾，出现了许多典型的模式。这些模式是创新的探索，有些模式甚至是原创性的。国内经验更接地气，对体制机制创新更有借鉴意义。国外经验具有前瞻性，是产业转移协作的升级方向，对国内各地都具有深刻的启示。总之，这些国内外典型经验对当前京津冀产业转移与对接协作具有重要的借鉴意义。

第一节　宜昌飞地园区的跨地区协作模式

宜昌市因三峡而得名，世界第一大坝——三峡大坝就坐落在宜昌境内，"高峡出平湖"既给宜昌带来巨大的发展机遇，也造成了一些挑战，如库区经济发展困难增多，企业搬迁难度很大，"保大坝、保生态、保水"的任务更加艰巨等。为了解决三峡库区及其他丘陵、山地地区的经济社会发展问题，2002 年宜昌市就在湖北省内率先探索"飞地经济"的发展试验。2006 年，宜昌市委、市政府开始鼓励山区县的企业异地办厂，将生产转移到宜昌开发区或本市的沿江地区。2012 年，宜昌市委在党代会报告中明确提出"继续完善产业共育、基础共建、环保共担、利益共享机制，积极引导山区县市与沿江地区产业对接、项目对接，发展'飞地经济'"，从全市层面进行强化产业布局统筹，打破行政区划分割，重点打造长江沿江经济带，使之成为宜昌市产业发展战略高地。

随着模式的不断完善，很多体制机制障碍不断得到破除，如税收分成、工业产出统计属地、园区开发、属地审批等。正是市委、市政府在市级层面建立了强有力的跨区协调机制，有效将行政手段和市场机制有机结合起来推动，并及时出台相关的配套政策措施，才能使得这种跨县（市、区）产业对接进展相对顺畅。应该说，宜昌通过市域统筹协调来促进区域产业转移协作的做法具有示范推广意义，对京津冀地区处理好生态功能区、优化开发区与重点开发区之间的关系具有有益的启示。概括起来，宜昌市跨区域产业转移与对接协作的主要经验做法包括以下方面。

一　兴山模式

兴山县是宜昌市下辖的一个县，地处三峡库区，长期以来依靠当地磷矿发展磷化工产业，但产生较大污染，对三峡库区生态安全具有较大的威胁。同时，随着三峡库区蓄水高度提升，兴山县一大批企业存在被淹没的威胁，不得不搬迁。为了改变这种不利的状况，又考虑到当地的经济发展，宜昌市开始探索产业搬迁异地和利益共享的"兴山模式"。

一是异地建分园。宜昌市为了解决兴山县的企业在三峡大坝蓄水后大部分被淹没的问题，协调宜昌经济开发区划出一块300亩的土地，以园中园形式设立"兴山工业园"，以安置兴山县搬迁出来的企业，弥补兴山县的利益损失。兴山县与宜昌经济开发区签订合作协议，兴山县负责这个园区的招商引资、园区管理等。借助这块飞地，兴山县不仅解决了工业发展的区位劣势，也解决了工业发展与生态环境保护之间的尖锐矛盾。

二是利益共享。建设飞地工业园区面临最直接的问题就是利益如何实现合理分配。在宜昌市政府的协调下，兴山县政府与宜昌经济开发区管委会之间达成协议，对于兴山工业园企业上缴的税收地方留成部分，宜昌市、兴山县和宜昌经济开发区按2：4：4的比例进行分成。正是在这种激励机制下，兴山县招商引资的积极性较高，先后引进了双汇、椰风等食品饮料加工企业，使得兴山工业园区很快就形成了规模。

三是企业跨地区发展。兴发集团是从兴山县起家的磷化工龙头企业，受制于本地区位偏远、库区生态保护力度大、产品市场在区外等多种因素，集团在宜昌市和兴山县政府的共同支持下，同时推进兼并重组和异地发展两大战略，2004年在收购宜昌中磷化工有限公司在猇亭区资产的同时，借此作为据点，建立了宜昌精细化工园，通过10多年的努力，这块飞地已成为兴发集团主要生产基地，而飞地产生的税收地方留成部分由宜昌市、猇亭区和兴山县共享。2009年2月，兴发集团又在宜都市建立了另一个飞地工业园。根据合作协议，宜都市对兴发集团给予5年的税收优惠，5年之后，兴发集团在该园区独资或控股的项目所缴纳的增值税和企业所得税，宜都市和兴山县按照6：4分成。

二　五峰模式

五峰县是一个民族自治县，资源优势不突出，在《湖北省主体功能区规划》中被划定为限制开发区，工业基础较为薄弱。在宜昌市大力发展飞地园区的背景下，2011 年，五峰县政府开始设想 "借鸡生蛋"，并在省、市两级政府的大力支持下，与枝江市签订合作协议，共同建设五峰民族工业园，规划用地约 5 平方千米，引进了一批中小企业，重点发展装备制造、生物医药、电子信息等环境友好的产业。工业园区是由五峰县设立派出机构负责管理，这个机构负责园区规划、基础设施建设、招商引资、物业管理等方面管理。工业项目涉及的属地审批问题，由五峰县派出的园区管委会负责代办。除了得到地方政府关于投资有补贴、发展有奖励、服务有专班的承诺之外，入驻园区的企业还能够享受到国家对老、少、边、穷地区等特殊政策支持。在地方税分成方面，五峰县与枝江市达成了 7∶3 的分成比例，宜昌市不再参与分配。

三 秭归模式

秭归县地处三峡库区，丘陵地形，平地面积很小，不适合发展占地多、污染大的工业项目。2006 年，秭归县争取到每年 7 亿度项目供电额度，享受优惠电价。当年，秭归县凭借着这个优惠政策引进了湖北宜化集团年产 20 万吨电石项目，但限于当地的地形条件，项目不宜落户到秭归县境内。为此，秭归县与宜都市商议，将项目以托管形式落户到宜都开发区，两地达成税收共享协议；而湖北宜化集团则在秭归县注册了湖北香溪化工有限公司，税收直接向秭归县缴纳，然后由秭归县分给宜都市。企业落户之后的项目报批、园区物业等方面委托宜都经济开发区负责。

第二节　中关村海淀园异地分园合作模式

中关村科技园区海淀园（以下简称"海淀园"）是 1980 年由陈春先、纪世瀛等人创办的我国首家民营科技机构——中关村电子一条街开始起步并逐步壮大形成的。1988 年 5 月，经国务院批准成立了全国首个国家级高新区——北京市新技术产业开发试验区，也就是海淀园的前身。1999 年 5 月，经国务院批准，中关村海淀园正式成立。时隔十年，2009 年，中关村科技园区获批成为国家自主创新示范区，中关村科技园区海淀园成为中关村国家自主创新示范区核心区，成为中关村科技园区"一区十六园"之一，继续发挥区位条件和优势基础，探索新时期科技体制机制创新。经过近 40 年的发展，2015 年海淀园规划面积达到 174.306 平方千米，拥有专业园区 10 个，大学科技园 20 个，拥有联想、方正、同方、百度等国家高新技术企业 5529 家，占全国的 1/10，已入驻企业 9073 家，实现总收入 16357.3 亿元，从业人员 101.4 万人。与此同时，海淀园区发展空间日趋紧张，已建成城镇建设用地面积 133.243 平方千米，占规划总面积的 76.44%，剩余可用于产业发展的空间非常有限。2013 年以来，海淀园开始启动产业转移协作的实质行动，采取以品牌换空间或合作共建分园的异地扩张计划，分别与河北秦皇岛、江苏溧阳、山东齐河、内蒙古赤峰四个合作意向明确、产业基础好、地域特色明显的地方签署合作共建分园的协议。其中，秦皇岛采取设立"园中园"形式，溧阳是中关村科技园区管委会与常州市人民政府合作共建"江苏中关村科技园"所在地，齐河是海淀园用品牌换空间的形式，赤峰是海淀区对口援建的地区。海淀园异地设立分园是在地方政府之间对接和取得共识中进行的，海淀园异地扩张的最初动机是为园区企业寻找产业化空间或开辟新技术应用市场。但随着园区实质性合作推进，合作园区共建出现了连锁式加盟、平台化运作、利益弹性共享等趋势。目前看来，海淀园秦皇岛分园和海淀园赤峰分园发展取得阶段性成效，已吸引了一批海淀园企业设立生产基地、研发中心或大数据中心。后文将以海淀园秦皇岛分园为例介绍海淀园区异地扩张的实施细节。

2013 年 11 月，海淀区政府和秦皇岛市政府经过多次接触，最终达成共识，由海淀园管委会与秦皇岛经济技术开发区管委会共同签订了《中关村海淀园秦皇岛分园合作共建协议》。2014 年 5 月，"中关村海淀园秦皇岛分园"正式挂牌开园，成为中关村海淀园异地扩张的首家分园，以"区中园"形式从秦皇岛经开区中划出一定范围作为海淀园秦皇岛分园。海淀园秦皇岛分园是以数谷大厦、数谷翔园为起步区，重点围绕节能环保、高端制造、生物工程及新医药、电子信息（大数据）等新兴产业开展深度对接合作，由海淀园管委会负责推进这些重点行业中有产业转移需求的研发、生产类企业落户到海淀园秦皇岛分园。同时，为了扎实推动产业项目落地，双方共同建立了领导干部交流挂职的长效机制，秦皇岛经开区管委会选派干部驻京对接以及到海淀园管委会挂职锻炼，形成一个短小精干、高效运作、快速解决问题的对接团队。为了确保入驻企业留得住、发展得好，海淀园秦皇岛分园开辟了"绿色通道"，实现包括购地用房、科技扶持、人才支持等一揽子优惠政策，对于优质的项目可以按照"一企一策、一事一议"原则另行为这类项目提供更加优惠的政策。同样，对于秦皇岛经开区管委会向推荐在海淀园设立总部或研发机构的企业，优先享受海淀园"1＋10"产业扶持政策的支持。在双方利益分配方面，海淀园秦皇岛分园税收地方留成部分的20%作为分园的产业发展基金，用于扶持园内企业成长，剩余部分由双方按照5∶5比例分享。对于通过以招商代理或以商招商引进项目到园区的，秦皇岛经开区管委会依法依规采取灵活方式予以奖励。三年来，海淀园秦皇岛分园已引进了北京千方科技集团、北京碧水源科技有限公司、闪联工程信息技术有限公司、清控科创有限公司、漫游世纪（北京）科技孵化器有限公司、北京市海淀服务外包企业协会。

海淀园秦皇岛分园经过三年来的探索，为京津冀产业转移协作提供了一个生动、鲜活的案例。具体经验主要包括以下几点。

第一，整合各自互补优势成为共同的综合优势。无论是海淀园还是秦皇岛经开区，都将对方优势视为自己的优势，海淀园拥有丰富的科技创新资源和一大批行业科技型企业的优势，但缺少发展空间，难以为科技型企业提供产业化的物理空间；而秦皇岛经开区拥有开阔的发展空间，可以为海淀园企业发展提供互补优势。海淀园秦皇岛分园的设立和发展某种意义上就是双方串联各自互补优势的见证，并成为双方开展产业对接协作的平台。

第二，以市场换项目是产业转移协作的牵引力。秦皇岛市政府明确规定为海淀园区企业优先推广新技术、新产品，帮助入驻海淀园秦皇岛分园的企业进行市场推广，在政府采购中予以相应的倾斜。目前，海淀园有一批科技型企业苦于新技术和新产品难以找到应用市场，企业发展遇到了瓶颈。秦皇岛市以市场换项目政策无疑解决了这类企业的燃眉之急，因此吸引了一批这样的企业将产业化项目布局到秦皇岛分园。以北京千方科技集团为例，该集团在海淀园秦皇岛分园成立了"秦皇岛千方信息科技有限公司"，已建成了秦皇岛市出租车综合服务运营管理平台、公交电子站牌及公交智能出行信息服务平台、智慧交通信息服务的展示中心和指挥中心，正规划建设智能交通设备产业基地，其中，两个信息化平台是北京千方科技集团新技术推广应用项目，秦皇岛市已成为该集团推广智慧城市建设的展示平台。

第三，双方重视园区长远发展。合作双方都将培育新兴产业作为海淀园秦皇岛分园发展的新动能，为此共同设立了"产业发展基金"。这一基金专门用于培育和扶持入园企业，实现滚动发展。按照协议规定，"中关村海淀园秦皇岛分园"税收地方留成部分的20%用于设立基金。但前期根据园区发展需要，在税收地方留成部分不足的情况下，双方共同出资作为基金启动资金。这个产业发展基金可以撬动更多的社会资本共同参与海淀园区企业到秦皇岛分园异地产业化和新技术、新产品推广应用，实现良性的"滚雪球效应"。

第四，区位条件和战略背景为园区发展奠定了基础。不可否认，秦皇岛与北京相距不远，两地交通非常便利，对海淀园企业异地投资有较强的吸引力。同时，在京津冀协同发展的背景下，海淀区与秦皇岛市积极开展产业对接，既可以为京津冀产业转移协作探索经验，又可以为北京非首都功能疏解提供一种可复制、可推广、可持续的模式，对于京津冀其他地区具有示范带动作用。

第三节　新加坡境外园区开发模式

新加坡虽然是一个城市国家，国土面积很小，但人均收入水平跻身世界前列，支撑这个国家财富增长的关键力量在于新加坡海外工业园区崛起。20 世纪 90 年代初期，新加坡考虑到自身产业升级转型，培育发展新兴产业，但苦于本国仍集中大量低附加值产业，这些产业仍然占着大片的土地。为了疏解低附加值产业转移到国外，但又不影响到国家利益损失，新加坡政府于 1991 年便提出"区域化 2010"的构想，实施对外投资战略，基于国家战略高度考虑，跟关系友好的东道国开展国际产业合作，主动将本国产业园区先进管理经验和产业生态环境复制到中国以及东南亚其他国家，并建立与之相适应的制度安排和市场主体。至今，新加坡已在中国、印度尼西亚、越南、印度等国家建立了 10 余个海外工业园区，并且，这些海外工业园区的建设运营几乎形成一个比较成熟、完善的运作模式，包括设计理念、基础设施投资、组织方式、投融资、园区管理等。现在看来，新加坡建设海外"产业飞地"和承接国际产业转移的做法值得我国开展区域产业对接协作借鉴。主要经验包括以下几点。

第一，国家牵头组织实施。新加坡政府负责与东道国签订政府间协议，并建立双边合作委员会和合作框架。然后，由具有政府背景的企业负责具体实施操作。同时与东道国组织合资公司负责园区规划、基础设施开发、招商引资、园区管理等业务，而本国企业与这些公司之间有紧密的合作关系和利益往来。所以，很多企业采取跟随战略，循着海外园区足迹，跟着投资产业项目。

第二，海外园区先进的设计理念和优质基础设施吸引跨国公司的投资。新加坡工业园区无论是在国内还是海外，都具有很高的品牌价值。即使在海外设立园区，它们也一如既往秉承一流的设计理念、高品质的基础设施建设标准和廉洁高效的行政管理，这样能够继续打造类似于新加坡本土的商业环境，足以吸引更多跨国企业投资。

第三，市场化、平台化、服务化运作。虽然海外产业园区合作是在两国政府间框架协议下进行的，但是在园区具体运作时，具有政府背景的企业直接介入，扮演着产业地产商的角色，按照市场化模式，进行土地开发和基础设施建设，同时承担园区规划、招商引资、项目融资、物业管理、技术转移、成果孵化等业务，为企业提供综合性服务，打造成一个产业园区的平台运营商，明显区别于我国传统产业园区"筑巢引凤"的发展模式。

第四，充分利用东道国的发展机遇。新加坡海外产业园区布点之所以能实现迅猛扩张，主要原因还在于中国、印度、越南等国家正处于工业化与城镇化快速推进的时期，经济发展带来了非常多的商机，并且，这些国家对外资需求非常旺盛，也对合资建设产业园区持开放的态度。

第五，积极营造有利的对外政策环境。新加坡政府已与23个国家签订自由贸易协议，与32个国家签订投资保证协议，与60个国家签订避免双重征税协定，这些协议几乎涵盖了世界主要经济区。这些投资协定可以说是为新加坡海外产业园区建设和本国"走出去"的企业保驾护航，不仅能保护企业合法权益，同时也能提高企业发展国际竞争优势。

第四节 欧盟创新合作网络模式

一 项目介绍

中小企业及小微企业是欧盟产业集群的主体。欧盟企业合作网络是欧盟委员会面向小微企业实施的一项关于咨询和信息的大型服务项目，该项目创立于2008年2月，是由欧盟委员会前任委员Günter Verheugen发起。该项目正式运营之后，便取代了欧盟原来的信息服务中心和技术促进中心，并接受欧盟"创新与竞争框架项目"的资助，设立该项目的一个目的是帮助小微企业最大限度地利用欧盟市场。到目前为止，项目的核心网络是由商会、地区发展组织、大学技术中心等600家各类机构组成，聘请了4000多名创新和商业咨询师在全世界50多个国家的服务分支机构工作，从而形成国家和区域两个层面的合作网络。

欧盟地区的小微企业可直接登录欧盟企业网络[1]的门户网站链接到本国企业网络节点，当然也可直接通过本国企业网络的网址链接这些节点。另一种方式是，根据自身所在行业特点直接链接部门网络节点，现已设立17个部门，涵盖了食品、交通物流、化工、创意、环境、电子信息、能源、原材料、纺织时尚、旅游与文化保护、妇女创业等领域。

目前，该项目提供的咨询服务包括：企业国际化、技术转移、融资支持、研究资助、欧盟法律和标准咨询、知识产权保护和欧盟法律宣传，具体见表8—1。

---

[1] www. enterprise-europe-network. ec. europa. eu.

表8—1　　　　　　　　　　　　欧盟企业网络项目提供的服务

服务领域	具体内容
企业国际化	企业根据自身要求,利用强大的企业数据库,从数据库中搜索得到在东道国合适、可信赖的潜在合作伙伴。协助企业联系欧盟地区潜在商业合作伙伴,利用国际会议平台一起会面交流,这样节省差旅费用支出。企业数据库可实现每周更新一次
技术转移	如果企业有技术需求,可以从先进技术数据库中寻找,该数据目前收集了23000个技术条目,每周更新一次。通过这个网络,可实现技术和商业应用对接
融资支持	帮助企业评估其融资条件和寻找合适的融资途径(如风险资本和银行贷款、财政资助、减免税收)。在寻找风险投资时,帮助企业对商业机会进行严格评估,以达到风险资本投资机构的要求,同时培训企业如何接触风险投资者、资本投资机构、银行等。如果想要申请得到财政资助,企业直接向网络专家咨询,他们会建议企业如何从地区、国家或欧盟政府中获得关于发展、创新、投资、咨询、就业、培训、出口等方面的资助。在税收减免方面,企业可以从所在地企业网络中获得帮助,他们会帮助企业寻找税收减免的机会(如发展、投资、增加就业)
研究资助	虽然企业网络不资助企业从事研究项目,但欧盟设立第七期研究框架项目(FP7),计划在2007—2013年拨付505亿欧元预算用于项目研究,其中13亿欧元预算专门用于资助小企业从事研究活动。对此,除了企业自身要有令人信服的研究论证和团队之外,企业网络项目专家将帮助企业评估拟研究的项目,确定现实和潜在的需求,并帮助企业联系合适的伙伴关系,改进研究项目申请书和提高项目管理技能,帮助企业签订合作协议,以实现项目成功运作
欧盟法律和标准咨询	项目专家向企业介绍欧盟最新的法律法规,提醒企业把握机会和向它们提供相关的培训。同时,专家也会向企业介绍跟其相关的欧盟政策和项目。同时,企业网络将保持跟接受其服务企业的联系,以确保它们获得所需要的最新信息,包括欧盟投资指南、法规、标准、商业和资助机会,同时也向那些计划出口或进口的企业提供专业的市场资讯

续表

服务领域	具体内容
知识产权保护	企业网络向企业提供知识产权相关信息和建议。同时，与专业组织合作，帮助小企业做好知识产权保护和利用知识产权获得相应的回报。此外，也帮助小企业寻找市场和知识产权的出口机会
欧盟法律宣传	欧盟委员会也考虑到出台法律效力的提议和动议对小企业的影响，为此，企业网络项目也建立了企业意见反馈机制，帮助企业与意见反馈渠道建立连接，并协助企业寻找可替代的方案，以减小这些法律法规对企业的负面影响

资料来源：www. enterprise-europe-network. ec. europa. eu。

二　典型案例

（一）技术转移的案例

Levapor 公司是德国一家专注开发用于处理废水污染物的生物膜小企业。在欧盟企业网络的帮助下，该企业成功携带自己的技术打进意大利市场。起初，为了改进这项技术，Levapor 本部公司到欧盟企业网络在德国泽尼特的分支网点登记，项目专家帮助企业找到了转移技术和促进产业化的一些渠道；同时，鼓励有合作意向的企业参加在阿姆斯特丹举行的世界性贸易展览会——Aquatech 展览会。在展览会上，瑞士企业网络组织了一场商业对接会。

Sabrina Wodrich 是欧盟企业网络驻泽尼特的项目专家，他认为，绿色经济是企业网络优先支持的领域。而作为欧盟企业网络环境组的成员之一，泽尼特企业网络和瑞士办事处都在积极推动这个项目。Elion 公司是意大利一家从事环境保护业务的企业，也正在寻找如何扩大业务的办法，于是这两家有意向合作的企业在

Aquatech 展览会上一见面，很快就技术共享签订了合作协议，它们将从合作协议实施过程中实现互利共赢，Levapor 公司通过合作伙伴顺利进入意大利市场，Elion 公司则利用 Levapor 公司的先进污水处理技术向客户提供"一条龙"的优质服务。Monica Misceo 作为欧盟企业网络驻罗马的项目专家是促成 Elion 公司寻找到合作伙伴的"牵线人"。他认为通过对接会这样的平台，可以让有合作意向的企业进行面对面的沟通，增加彼此了解。恰好，欧盟企业网络正好发挥这种独特的作用。

（二）研究资助的案例

德国卡尔斯鲁厄技术研究所的研究人员一直在开发一项建筑节能智能管理系统。目前，该研究所已获得欧盟 320 万欧元的项目资助，该系统将很快应用到欧洲各城市的办公楼之中，以提高建筑节能效率。然而，该团队之所以能够成功申请到该项目，离不开欧盟企业网络的支持。

当时，来自德国卡尔斯鲁厄技术研究所的研究团队正在寻找如何获得欧盟委员会 FP7 项目的研究资助。他们的研究项目虽是能源智能管理，属于欧盟鼓励开展的研究项目，然而，该研究所缺少必要的合作伙伴来完成项目的试验和应用任务，这也是他们申请欧盟研究资助遇到的最大障碍。为此，该团队和欧盟企业网络驻当地的分支机构建立了定期联系，项目专家 Heike Fischer 也非常清楚该团队的研究经验及兴趣，并尽可能向项目团队提供其所需的各种服务。

在一次对接会上，德国研究团队人员经介绍结识了一家从事技术应用的企业——西班牙的 Isotrol 公司，终于迎来了"柳暗花明"的机会。其实这种相遇并非偶然。欧盟企业网络在西班牙安达卢西亚地区分支点的项目专家 Jaime Duran 前来参加此次项目对接会时，顺便带上了来自 Isotrol 公司人员 Elisa Moron，从而促成了这件事情。Isotrol 公司坐落在西班牙塞维利亚，是一家专门从事信息和通信技术应用于能源管理的企业，是最适合加入德国卡尔斯鲁厄技术研究所以节能管理智能系统研究项目的合作对象。很快，Isotrol 公司在塞维利亚启动了两栋用于试验的办公楼，这两栋楼被认为是最适合项目试验的场所。欧盟委员会也很快批复了该研究项目申请，从而有力地推进了项目在塞维利亚开展相关试验。

第五节　经验启示

以上介绍的国内外产业转移协作模式对于当前京津冀产业转移对接与协作具有非常重要的借鉴意义。

第一，按照主体功能区进行产业转移协作。京津冀地区既有重点开发区、优化开发区，又有限制开发区、禁止开发区。借鉴宜昌产业转移协作经验，这些不同功能区产业发展可以统筹一并考虑，但关键要建立区域间利益共享机制，让不同类型的功能区都有积极性，地方政府也有意愿推动这项工作。

第二，合作共建飞地园区作为产业转移与对接协作的平台。中关村科技园区海淀园与秦皇岛共同设立分园的运作模式说明了京津冀三地合作共建一批飞地园区是十分必要的，也有利于充分利用各地互补优势，实现利益共赢。这种合作能否顺利推进，关键在于合作双方地方政府能否将企业需求挖掘出来，把企业的积极性激发出来。

　　第三，产业转移协作需要网络化组织。当前，京津冀地区产业转移只是政府间小批量对接，而基于市场主体的对接协作比较零散，不成体系，更谈不上网络化对接。欧盟经验表明，京津冀地区不同主体利用网络化进行项目对接，吸引一批产业从京津两地向外围地区转移扩散，让市场主体成为产业转移协作的主体。

　　第四，平台型园区专业企业是产业转移协作市场化的实践主体。京津冀地区拥有中关村发展集团这样的平台型园区企业，但毕竟该集团只是代表北京的利益，很难从区域整体利益出发考虑。为此，下一步，可以借鉴新加坡发展海外飞地的经验，由京津冀三地共同出资组建平台型园区专业企业，负责推动一批三地协同发展的合作园区。

第 九 章

促进京津冀产业转移协作的
思路与建议

京津冀产业转移协作是一个循序渐进、多方参与、积累共识、利益共享的过程，应在中央的协调下，以京津冀协同发展战略为契机，探索建立产业转移协作的市场化机制及相应的制度保障，优先启动京津冀一体化规划、疏解北京非首都核心功能以及组建京津冀三地合作的平台型园区专业企业，依靠市场主体力量，逐步构建一个优势互补、协作互动、平衡发展、利益共赢的区域产业体系。当前，京津冀产业转移协作进入白热化阶段，然而，产业转移项目"落地难"问题始终困扰着地方政府和企业。为了确保产业转移协作平稳有序进行，无论是中央政府还是京津冀三地政府都需要深化相关的体制机制改革，积极为市场主体营造良好的发展环境。同时，为了平稳推进京津冀转移协作，应在以下方面进一步完善相关政策措施。

第一节 合作共建产业园区

第一，以北京产业对外转移为契机，带动一批合作共建产业园区。在协同发展的环境下，北京市要积极引导纺织服装、食品加工、印刷出版等都市型产业对外扩散转移，在京外周边地区形成一批服务首都、共同运作、利益共享的现代产业新城。另外，用市场化手段，实施北京产业园区"走出去"战略，以外辅内，内外联动，提质增效，壮大规模。利用京外周边地区的土地空间，培育制造优势，并与北京研发、设计、营销等服务优势相结合，共筑产业发展新高地。此外，北京与京外周边地区开展产业合作离不开相对稳定的协作机制，特别是在园区共建、共同招商、地方税收分成等方面需要签订政府间合作框架协议，确保各类合作主体合法依规分享合作收益。

第二，以先进园区为标杆，促进产业园区升级。借鉴国内外先进园区发展模式，从产业服务配套、基础设施、园区服务等方面追求质变。一是做好产业服务配套。针对上、下游协作紧密的产业，园区招商部门要有意识地采取以业招商，吸引产业链关联配套企业入园发展，积极为产业发展构建公共服务平台，为企业发展提供更加宽松、更有活力、更具创新的产业公地环境。二是完善园区基础设施。在"七通一平"基础上，瞄准产城融合的方向，配套建设优质中小学校、医疗机构、就业服务中心、职业培训中心等公共服务设施，妥善解决园区从业人员上学难、看病难、进城难等问题。三是做好园区服务"最后一公里"。在园区一站式服务的基础上，实行园区精细化管理，将园区物业管理、从业人员子女教育、企业融资服务、商务服务等工作委托园区专业服务企业负责，由其向入驻企业提供管家式服务。

第三，以协同发展为机遇，加快建设一批具有产业扶贫性质的飞地型产业园区。在精准扶贫的道路上，京津加大对河北贫困地区实施产业扶贫援助，以飞地型产业园区为抓手，突破体制机制障碍，凝聚"手拉手"帮扶发展共识，寻找更多的对口援助切入点，由易到难，从点到面，逐步推开，把张承地区作为京津冀三地对口共建飞地型产业园区的试验田。强化飞地型产业园区共建共享，建立利益反哺机制，让共建园区的产业项目投资收益真正反哺当地发展，并带动当地群众就业。以园区共建为依托和纽带，京津要深入实施对口援助河北张承地区的工作部署，以干部交流、产业扶贫、项目合作为合作重点，打通京津与河北张承地区联动发展通道，特别是要优先在河北环京津贫困带布局一批能致富、可持续、环境友好型的产业扶贫项目。

第二节　推动北京产业的布局调整与对外疏解

第一，厘清"首都核心功能"和"非首都核心功能"。在明确北京城市战略定位的基础上，应相对清楚地界定首都核心功能和非首都核心功能以及两者之间的界限，逐步剥离长期寄生在首都核心功能上的非核心功能部分。同时，应细化非首都核心功能的产业、人员、载体等重点领域，在出台疏解方案的同时，应建立政府与市场良性互动的产业疏解长效机制，防止非首都核心功能"反弹"，着力从产业选择、人口管理、城市建设等方面优化提升首都核心功能。

第二，清退不符合首都功能的产业。准确把握时机，尽快出台北京市清退不符合首都功能产业的指导方案，针对重点产业、重点从业人群和重点园区载体，采取标本兼治、综合施策和分类治理的方法，引导一批"三高一低"（高耗能、高耗水、高污染、低附加值）和"两多一低"（占地多、聚人多、低附加值）产业退出，实施落后产能就地淘汰，并建立相应的退出援助机制，实现产业对外疏解平稳有序。同时，京外周边地区地方政府和企业应及时介入，加强产业转移协作，承接一批劳动密集、环境友好的产业。

第三，尽快出台北京市产业疏解实施方案。在现有工业退出政策的基础上，建议北京市有关部门深入各类园区特别是镇村产业园区和商品交易市场进行深入调研，摸清家底，根据资源消耗、污染排放、产出效益、就业规模、技术工艺等指标核实产业发展现状，进一步明确产业疏解重点领域，出台产业疏解指导目录。同时，坚持分类引导、综合施策和内引外联的思路，大力推动不符合首都功能方向的产业退出，同时建立区域产业转移协作平台，吸引京外周边地区提早介入，做好选择性承接。

第四，撤销或归并北京市镇村产业园区。镇村产业园区"散、小、乱、弱"的问题已不符合首都核心功能导向，由发改委、国土、经信、规划、公安等部门共同合作，组建全市产业园区整顿领导机构，加快整顿低效的镇村工业园区。在疏解产业的过程中，应顺势而为，撤销、关闭一批远离城区、污染排放处理能力弱、服务配套水平低的镇村产业园区，并尽快调整园区土地用途，以防止低端产业"死灰复燃"。另外，对那些距城区不远、产业基础较好、服务配相对完善的镇村产业园区，应予以保留，将其隶属关系、管理机构、土地空间等全部归入所在区（县）的市级开发区，或采取各种共建形式（如合作开发、归并整合、委托管理等），逐步归并到中关村区县分园，由市级开发区管理机构负责统一开发、统一规划、统一管理、统一招商和利益共享，稳步推进，最终实现每个区县产业园区由一个市场主体负责具体运营。同时，在整顿乡镇园区的过程中，由区县开发主体根据当地的实际，导入、培育新兴产业，进一步提升这些存量空间发展水平。

第五，组建以市、区两级国资为主、社会共同参与的平台型园区专业企业。加强市级层面产业布局统筹，以中关村发展集团为基础，从全市层面组建一个市、区两级国有资产投资公司共同参与的股份制园区开发公司，负责整合各类园区土地开发、基础设施投融资、产业投资等功能，避免产业园区低水平同质发展，探索平台型园区开发模式。在开放部分股权的同时，积极吸引社会资本参与，推动企业上市融资或发行债券，壮大企业资本实力。依托企业自身特殊优势，用市场化方式在京外建设合作园区，帮助北京工业"走出去"，带动科研成果就近实现产业化。

第六，出台北京市产业布局协调实施细则。为了避免各区县产业项目低水平重复引进和招商引资的恶性竞争，北京市有关部门应尽快出台一个促进产业动起来、土地活起来、区县政府积极性高起来的跨区县产业协作实施细则，明确各区县开展产业协作税收分成比例和期限及合作项目产生的 GDP 指标共享的具体实施办法。这个细则应主要包括产业协作项目的相关责任、税收分成的分类及计提方式、GDP 跨地共享的核算等。通过建立产业布局协作机制，鼓励区县政府开展招商引资和项目落地合作，引导不同产业项目进入专业园区发展，促进产业园区特色发展。

第七，创新工业用地动态调整机制。在存量空间调整方面，设立产业用地回购基金，有序推进工业用地空间"腾笼换鸟"工作，利用腾退工业用地发展新的业态。在增量空间方面，借鉴保障性住房的做法，探索共有产权等形式出让工业用地产权，明确政府和企业双方的权属及年限，确定土地开发主体和方式，以便于政府日后回购工业用地。此外，在工业用地园区开发方面，根据产业园区主导产业方向，建立用地空间订制化平台，鼓励更多企业"团购"或"团租"，抱团入驻园区，而园区开发企业按照入驻企业订制的厂房需求设计、建设园区，确保企业拎包进驻。

第八，强化北京市产业园区分类考核。根据产业园区发展方向，制定差别化、体系化、动态化的考核方案，发挥考核导向激励作用，改变"唯 GDP 论英雄"的考核方式，弱化地方政府短期利益行为。在制定考核指标时，应赋予产业园区特色化发展、产业园区公共服务平台建设、产业转移协作开展情况、产业园区产出强度、产业园区创新能力等方面指标更大的权重，每年适当微调，不断完善评价指标体系，逐步成为北京工业产业优化布局的"指挥棒"。

第九，中央财政对北京产业疏解施予必要的援助。酌情考虑北京市产业疏解之后可能出现的税收流失问题，中央财政应通过转移支付等形式填补北京市短期内面临的"税收缺口"，使之平稳过渡。同时，国家也应加大对环京贫困地区的财政援助，重点支持对外交通基础设施建设、产业园区配套设施建设、就业培训等，尽快为这些地区承接产业转移创造良好的投资环境。

第三节　组建平台型园区专业企业

第一，共建平台型园区专业企业。京津冀三地省（市）级政府要按照市场规则按股权配比，吸引社会资本参加，多方共同出资组建区域性的大型产业园区开发运营专业企业，并作为一个重要的市场主体，参与京津冀产业转移协作。平台型园区专业企业可以发挥产业转移协作的角色，并承担产业园区的规划编制、开发建设、服务运营、产业对接、平台搭建等工作，积极探索产业园区共同规划、共同开发、共同管理和共同受益。

第二，优先启动试点示范项目。将京津冀三地前期对接的合作项目列为首批试点项目，特别是中关村科技园在河北、天津设立分园，突出园区特色化发展、高端化发展，减少园区之间招商引资竞争。

第三，明确平台型园区专业企业"五统一"功能。为了规范不同合作园区发展，需要明确平台型园区专业企业对下属的合作园区进行统一开发、统一招商、统一管理、统一服务和统一品牌，发挥园区开发企业的主体作用，减少地方政府的干预，扩大不同合作园区之间的要素交流和产业协作，使之发挥协同效应、集聚效应和规模效应。

第四，提升平台型园区专业企业的综合服务功能。除了促进产业转移扩散之外，应积极引导平台型园区在企业融资、科技成果转化、科技企业孵化等方面的功能，并积极对接硅谷等世界科技创新中心，吸引一批市场前景好的高尖端产业项目落户京津冀地区。

第四节　推进京津冀创新走廊建设

第一，编制创新走廊发展专项规划。建议将三大创新走廊写入京津冀区域"十三五"规划，并作为京津冀协同创新共同体的空间载体予以体现。启动京津冀创新走廊专项规划编制工作，确定区域规划范围、发展定位、主要目标、重点园区、支撑平台、实施主体、配套政策等。

第二，支持共建创新型合作园区和创新平台。坚持跨地统筹、组团布局、联动发展、共建共享的原则，推动整合中关村科技园区各分园，支持中关村科技园托管创新走廊范围内的津冀两地产业园区，实现一体化发展。推进产业园区实现产城科教融合发展，有条件的可以向科技城或科学城转型。鼓励国内外知名的科研院所、高校和企业到创新走廊设立具有世界先进水平的科技孵化器、联合实验室、创新中心、研发中心等功能型的协同创新平台和创业工场、创业咖啡等低成本创业场所，促进各类创新创业平台的集聚发展。

第三，优化创新创业的政策环境。扩大国家自主创新政策试点范围，将中关村国家自主创新政策适用范围扩大至创新走廊规划区域，继续深化科技成果处置、股权激励、税收优惠、海外人才引进等方面改革。注重产业创新链与金融服务链有机衔接，支持京津冀三地共同出资设立创新走廊发展引导基金，吸引银行、保险、证券、信托、基金和机构投资者参与，逐步形成与科技创新相适应的风险投资环境。

第四，强化公共服务配套。推动北京三环以内的科研院所和高校整体或部分搬迁至创新走廊，带动科研服务功能提升。高标准构建产业共性技术平台、科技成果转移转化平台和科技金融服务平台，为企业提供各类创新服务。此外，创造优质教育医疗服务条件，支持北京三甲医院、知名中小学校到创新走廊京外区域设立分院、分校。

第五，建立跨地协作机制。一方面，建立政府工作对接机制。在京津冀协同发展领导小组的统一领导下，建立京津冀创新走廊协调工作组，加强部际协调、央地协调和军民协调，统筹解决转移协作不紧密、政策不衔接、要素保障不到位等问题。同时，由市场主体通过委托管理、资产重组、股权置换等方式统筹整合各类园区和平台，逐步实现创新走廊跨地协同发展。另一方面，建立市场化运作机制。由京津冀三地共同组建创新走廊投资运营企业，负责建设各类创新创业平台，推进各园区服务体系互联互通，通过市场化方式为区域内创新型企业提供项目融资、技术转移、项目对接、品牌推广等服务。

第五节　完善相关配套政策

第一，发挥税收政策对产业转移与布局调整的激励作用。继续创新税收地方留成部分的共享机制，提高产业转出地和承接地的积极性。在京津冀协同发展领导小组办公室的协调框架下，京津冀三地省（市）级政府要与国家有关部委共同建立税收共享的省部工作机制，对各级地方政府已签订产业转移的企业税收收入分成协议进行规范，适当予以地方政府自主权，但须明确税收分成比例和期限的上、下限。允许北京试行产业布局拥挤费，利用投资强度、产出强度、资源消耗强度等指标综合考核企业经营绩效，对不达标的企业征收拥挤费，倒逼低效企业升级或转移。

第二，适当增加津冀新增建设用地指标。在土地政策方面，允许河北省率先在全省范围内用市场手段调剂城市建设用地指标，优先满足京津冀产业合作园区用地需求。从服务产业转移协作出发，国家有关部门应更大幅度提高津冀新增建设用地指标，坚持分类引导、精准供地、高效开发、调剂使用的原则，优先保证国家级或省级重点产业项目用地需求，坚决禁止向国家明令禁止的落后产能或过剩产能项目供应土地，不断提高建设用地的使用效率。同时，地方政府也要积极探索存量土地优化利用，通过老旧工业用地再开发、城乡建设用地增减挂钩、低丘缓坡用地综合开发等途径增加建设用地规模。

第三，探索金融支持区域合作的发展模式。发挥资本推动区域产业转移协作的纽带作用，建议由京津冀三地共同出资组建一家开发性金融机构，专门为飞地产业园区建设、生态环境治理、科技成果转化等重点合作领域提供投融资服务，逐步发展成为京津冀协同发展的市场主体。同时，争取国家支持，设立京津冀产业发展基金，重点投向促进京津冀协同发展的重点产业项目和改善京津冀产业转移协作的平台建设。

第四，统计核算、产学研等政策配套跟上。在现行的体制下，为了避免因产业项目转移带来的 GDP 流失和激发各地共同招商引资的积极性，京津冀三地省（市）级政府要与国家有关部门共同制定产业转移的企业创造增加值分享统计办法，允许产业转移项目在转出地和承接地之间按一定比例分享指标数。在科技政策方面，由中央财政设立专项，增加京津冀产业共性技术服务平台建设投入，支持京津冀地区产学研协作网络建设。在海关监管方面，在通关一体化的基础上，支持京津冀共建渤海湾自由贸易区，以开放带动产业协作。在政府服务方面，转变政府职能，产业项目涉及的公共服务要由一站式服务升级为全程管家式服务。

第五，完善京津冀三地的政策对接机制。对于企业反映比较集中的政策领域，京津冀三地政府要在京津冀协同发展领导小组的统一协调下，与国家有关部委沟通，共同推动行业技术标准、行业生产监督管理、体制机制创新等重点领域率先实现一体化。对于京企进入津冀投资可能遇到的政策支持标准不统一问题，京津冀三地政府有关职能部门要加强对接，妥善处理，引导企业不要片面追求高补贴政策。

第六节　建立区域协调机制

第一，进一步明确京津的城市发展战略定位及其关系。从国家战略层面出发，深入研究世界首都圈发展规律，结合京津冀实际情况，科学、准确界定北京和天津的城市发展战略定位，使之形成功能互补、相互支撑、一体发展、辐射腹地、利益共享的关系。同时，根据京津城市功能的优化调整方向，确定京津产业对外疏解和京津冀产业转移协作的重点领域。

第二，完善京津冀协调发展的制度框架。大胆借鉴国内外区域合作的有益模式，进一步完善现行的协调框架，成立一个跨区域的协调机构，建立三地政府官员定期协商沟通机制，重点解决一体化过程中各种形式的区域利益协调问题。另外，积极采用市场机制促进京津冀协调发展，发挥资本推动区域合作的纽带作用，建议由京津冀三地共同出资组建一家开发性金融机构，专门为基础设施互联互通、飞地产业园区建设、生态环境治理、科技成果转化等重点合作领域提供投融资服务，并成为京津冀协调发展的市场主体。

参考文献

［1］陈晓永：《京津冀产业发展功能定位与产业集群空间分布》，《河北经贸大学学报》2005 年第 6 期。

［2］戴宏伟、康红俊、赵文英：《利用"大北京"产业转移优化河北产业结构》，《经济与管理》2004 年第 6 期。

［3］戴宏伟：《利用京津冀产业"双向"转移优化河北产业结构》，《领导之友》2004 年第 6 期。

［4］河北经贸大学课题组：《京津冀产业梯度与经济一体化的形成》，《经济与管理》2002 年第 6 期。

［5］纪良纲、陈晓永、陈永国：《京津冀产业转移应注意的几个问题》，《河北日报》2005 年 2 月 22 日。

［6］纪良纲、晓国：《京津冀产业梯度转移与错位发展》，《河北学刊》2004 年第 6 期。

［7］刘刚、赵欣欣：《京津冀都市圈产业发展和演进趋势分析》，《天津行政学院学报》2008 年第 1 期。

［8］刘雪芹、张贵：《京津冀产业协同创新路径与策略》，《中国流通经济》2015 年第 9 期。

［9］刘再兴：《试论京津协作》，《天津社会科学》1986 年第

2 期。

［10］马俊炯：《京津冀协同发展产业合作路径研究》，《调研世界》2015 年第 2 期。

［11］马宁、王选华、饶小龙：《京津冀地区产业分布、产业人才合作及其路径设计研究》，《新视野》2011 年第 5 期。

［12］王爱兰：《京津冀区域产业协调发展研究》，《环渤海经济瞭望》2006 年第 8 期。

［13］王海蕴：《科技金融新路径三链融合》，《财经界》2013 年第 10 期。

［14］吴爱芝、李国平、张杰斐：《京津冀地区产业分工合作机理与模式研究》，《人口与发展》2015 年第 6 期。

［15］温锋华、谭翠萍、李桂君：《京津冀产业协同网络的联系强度及优化策略研究》，《城市发展研究》2017 年第 1 期。

［16］魏丽华：《京津冀产业协同发展困境与思考》，《中国流通经济》2017 年第 5 期。

［17］魏后凯：《北京主导优势产业链发展战略》，《北京社会科学》2007 年第 3 期。

［18］谢专、张佳梁、张晓波：《京津冀的产业结构现状、变迁与空间资本流动》，《人口与发展》2015 年第 5 期。

［19］徐永利：《逆梯度理论下京津冀产业协作研究》，《河北大学学报》（哲学社会科学版）2013 年第 5 期。

［20］杨连云：《河北省的资源禀赋与产业发展战略》，《当代经济管理》2007 年第 5 期。

［21］杨连云、石亚碧：《京津冀区域协调发展的战略思考》，《河北学刊》2006 年第 4 期。

[22] 叶振宇：《京津冀产业对接协作的市场化机制与实践模式》，《河北师范大学学报》（哲学社会科学版）2014 年第 6 期。

[23] 叶振宇、叶素云：《北京市产业对外疏解的现实思考》，《城市》2015 年第 1 期。

[24] 叶振宇：《北京市工业布局优化调整的战略思考》，《城市》2017 年第 3 期。

[25] 叶振宇、叶素云：《京津冀产业转移协作的阶段进展与实现途径》，《河北学刊》2017 年第 3 期。

[26] 叶振宇：《"十二五"我国国家产业转移政策的特征、重点与趋势》，《发展研究》2012 年第 10 期。

[27] 叶振宇：《建设京津冀创新走廊的战略思考》，《中国发展观察》2017 年第 12 期。

[28] 叶振宇：《京津冀产业转移协作的前瞻》，《天津师范大学学报》（社会科学版）2017 年第 5 期。

[29] 叶振宇：《京津冀产业转移协作的实现机制探讨》，《当代经济管理》2018 年第 1 期。

[30] 踪家峰、曹敏：《地区专业化与产业地理集中的实证分析——以京津冀地区为例》，《厦门大学学报》（哲学社会科学版）2006 年第 5 期。

[31] 藏学英、于明言：《京津冀战略新兴产业的对接与合作》，《中国发展观察》2010 年第 8 期。

[32] 杨洁、辛灵、李媛媛：《京津冀区域产业对接与产业转移路径》，《河北联合大学学报》（社会科学版）2015 年第 3 期。

[33] 祝尔娟：《京津冀一体化中的产业升级与整合》，《经济地理》2009 年第 6 期。

［34］ 张贵、王树强、刘沙、贾尚键：《基于产业对接与转移的京津冀协同发展研究》，《经济与管理》2014 年第 4 期。

［35］ 张亚明、张心怡、唐朝生：《京津冀区域经济一体化的困境与选择——与"长三角"对比研究》，《北京行政学院学报》2012 年第 6 期。

［36］ 张可云：《北京非首都功能的本质与疏解方向》，《经济社会体制比较》2016 年第 3 期。

［37］ 中国社会科学院京津冀协同发展智库京津冀协同发展指数课题组：《京津冀协同发展指数报告（2016）》，中国社会科学出版社 2017 年版。

［38］ Alberto F. Ades and Edward L. Glaeser, "Trade and Circuses: Explaining Urban Giants", *Quarterly Journal of Economics*, Vol. 110, No. 1, 1995.

［39］ Edward Glaeser, *Triumph of the City: How Our Greatest Invention Makes Us Richer, Smarter, Greener, Healthier, and Happier*, Penguin Books, 2012.

［40］ Gilles Duranton, Diego Puga, "Nursery Cities: Urban Diversity, Process Innovation, and the Life Cycle of Products", *American Economic Review*, Vol. 91, No. 5, 2001.

后　记

　　本书是我主持的国家社科基金一般项目"京津冀协同发展的阶段效果评价研究"（18BGL273）的阶段成果。产业转移协作是京津冀协同发展要优先突破的三个重点领域之一，对于加强京津冀三地经济联系和解决地区差距问题具有重要的现实意义。在新的形势下，京津冀产业转移协作的要素条件、组织方式、推动机制、市场环境、配套政策等方面都发生了深刻的变化，特别是新兴技术引起的产业组织方式变革可以为当前的产业转移协作提供新的解决方案。同时，中央推动京津冀协同发展和疏解北京非首都功能的决心是不可低估的。这意味着现阶段京津冀产业转移协作要有新思维、新模式、新机制和新环境。

　　我对京津冀区域发展问题的关注已有十余年，但在 2016 年之前却没有特别专注于这方面研究。2012 年，我因为参加单位组织的一个横向课题而开始接触北京市产业对外转移问题，此后又参加了北京、保定等多个地方政府委托的课题研究，于是将研究兴趣点逐渐聚焦于京津冀产业转移协作问题，并陆续发表了 8 篇学术论文和 3 篇内部的决策咨询建议。本书是在既有成果的基础上整理而成，不过从构思到最终成型却经历了将近四年的时间，其间有几次想着放弃的念头，但后来还是咬牙坚持了下来。虽然这本书的内容不是很多，但希望它的出版能够为京津冀产业对接协作提供一些新的思路和可操作的实践方案。

在本书即将出版之际，我要感谢中国社会科学院工业经济研究所的领导和同事们的关心和帮助，他们给了我许多从事课题研究的机会。中国社会科学出版社相关领导和喻苗老师、马明老师为本书的出版做了大量的工作，在此表示衷心的谢意。中国社会科学院信息情报研究院卓丽洪老师、河北师范大学陈曦老师、河北社会科学院王月霞老师、天津师范大学李德贵老师等专家对本书部分章节内容提出了宝贵的修改建议，在此一并表示感谢。在本书写作中，妻子的鼓励和照顾让我感激不尽，儿子的陪伴给我的生活增添了不少的乐趣。这本书可以说是我从事京津冀协同发展问题研究的阶段小结，书中的不足恳请读者批评指正。

叶振宇

2018 年 10 月